大展好書　好書大展

品嘗好書　冠群可期

武學釋典17

# 太極密碼(3)

# 太極拳勢通解

余功保　著

大展出版社有限公司

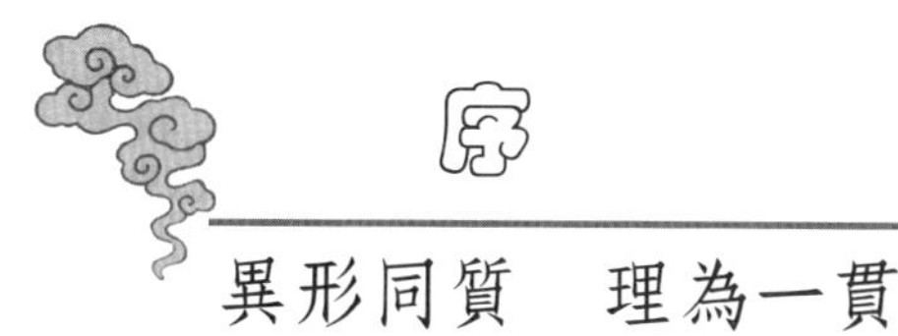

# 序

## 異形同質　理為一貫

中國太極拳各流派，同根同源。根就是中國文化，源就是太極理法，在技術體系上也有著不可分割的血緣關係。

各種太極拳流派的差異是顯而易見的，每種太極拳都有獨立的風格，在動作的練法、要領，特別是外形上有所不同。但也有很多相同點，比如在套路的編排結構上有很大的相似性，動作名稱有很大的相似度，甚至有相當數量是完全相同的。

在長期研究太極拳的過程中，經常需要對各種太極拳流派拳架、拳勢的異同進行比較、分析，有的拳家在教學中也將它們進行對照講解。我們在交流中發現，這種比較的學習、研究方法具有獨特的效果，能夠使大家對拳勢的歷史發展、變化、來龍去脈更加清晰，對拳勢的認識更加全面，對要領的體會更加深入，學習起來也自然更加容易準確地把握。

「通解」之意在於打破流派界限，對同一類拳勢進行橫向比較。本書中首次比較系統地將幾個主要流派的衆多太極拳勢排列在一起，以比較研究的方法進

行介紹分析，揭示共性、析解差異，就是力圖給廣大太極拳讀者提供研習的方便。

本書選取了幾種主要太極拳流派的數十個典型招勢，運用圖文並茂的方式進行講解。包括拳勢名稱、練習要領、原則理法、勁力特點、使用方法、經典拳訣等。每種流派的拳勢均有示範照片，使讀者擁有更直觀、生動和形象的體會。本書的示範照片均選用各流派代表性名家和世界太極拳冠軍，使得本書具有極高的權威性。

需要指出的是，在分析、介紹同一式不同流派的練習差別時，目的在於讓讀者更全面瞭解、理解太極拳精髓，可對照揣摩、研習，而在此並無意評品各家長短。

通解主要以當今最爲流行的幾個主要流派的太極拳核心拳勢爲對象，不可能對所有太極拳以及所有拳勢都一一介紹到。以後有機會我們再對其他一些太極拳流派和套路的典型拳勢進行分析介紹。

本書中的太極拳勢都是各流派太極拳中最爲典型或者核心的拳勢，選取的都是至少在兩種以上太極拳流派套路中出現的拳勢，大都是名稱相同或相近，練法也相近。有些則是名稱雖然有所差異，但練法相近，具有內在的關聯。可以說，掌握了這些拳勢就基本掌握了傳統太極拳的核心功技。

本書對於每個拳勢，重點介紹分析的是其定勢狀

態，但每一拳勢都有一個連續變化的過程，在定勢的前後都有許多的變化。讀者對每一拳勢的把握要有動態觀念和視點，在具體學習中要注意體會。

比較是一種很好的學習方法。

比較相同點，互相借鑒，不僅可以取長補短，還可以取長補長。你可以只練一種流派的拳法，但知曉了其他流派的練法，對自己練拳可以大有幫助。瞭解了拳勢的變化軌跡，則可以更加清晰地理解各太極拳流派的技術特點和區別，更深入地體會各流派太極拳的精妙，舉一反三，在比較中體驗差異，在比較中體會統一。所以本書對於那些只練一種太極拳的練習者來說，也大有裨益。

期望透過對本書的閱讀，使讀者更全面、深刻地感受中國太極拳，既「變化萬端」，而更深入的是「理爲一貫」。

余功保　於北京

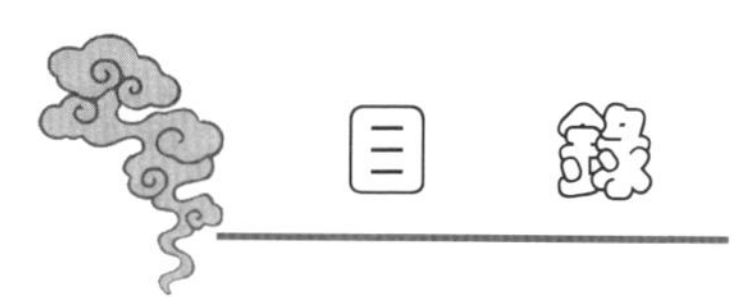

# 目　錄

# 一、預備勢

太極由無極而生，故太極拳預備勢有的流派也稱之為「無極勢」。預備勢為無極狀態，陰陽未分，渾然一體。此時，做好全身內外的調整、調節、調理。調節身形，使得全身各個部分鬆空，整體上虛靈中正；調節呼吸，使之細勻深長；調節意氣，使之平和內斂，內氣充盈，活潑流暢。達到了這個程度，開始練拳才能「一舉動周身俱輕靈」。預備勢的過程要做得充分，時間上不要匆忙，即使長一些也沒有關係，它也是一個站樁的過程，無極樁。

楊式太極拳「預備勢」
楊澄甫演示

許多拳家十分重視預備勢，因為此勢調整的狀態貫穿於整個套路練習過程中，相當於確定了一個模子，定下了練拳的基調，後面的拳勢根據預備勢中調好的狀態、要領、感覺來進行。所

以預備勢做得好壞，直接關係到練拳的質量。

陳式太極拳「預備勢」
陳小旺演示

在楊澄甫《太極拳體用全書》中開始第一勢，雖然名為「太極拳起勢」，實則是對「預備勢」的論述：「此為太極拳預備動作之姿勢。立定時，頭宜正直，意含頂勁，眼向前平視，含胸拔背，不可前俯後仰。沉肩垂肘，兩手指尖向前，掌心向下。鬆腰胯，而足直踏，平行分開，距離與肩相齊。尤要精神內固，氣沉丹田，一任自然，不可牽強。守我之靜，以待人之動，則內外合一，體用兼全。人皆於此勢易為忽略，殊不知練法、用法，俱根本於此，望學者首當於此注意焉。」

陳式太極拳運動中強調以丹田為核心的內轉，所以在預備勢中就要調節達到這種狀態。陳式太極拳家陳小旺說：「預備勢是要全身各個關節都符合太極的要求，鬆肩、沉肘、含胸、塌腰、開胯等等，都來支持丹田，才能形成以丹田為核心。」

孫式太極拳創始人孫祿堂先生在《太極拳學》中對「無極勢」的練法、作用、原理進行了細緻的論述：

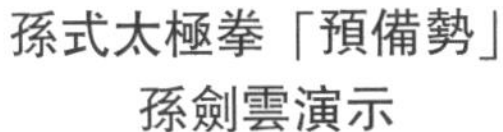

孫式太極拳「預備勢」
孫劍雲演示

武式太極拳「預備勢」
翟維傳演示

「無極者，當人未練拳術之初，心無所思，意無所動，目無所視，手足無舞蹈，身體無動作，陰陽未判，清濁未分，渾渾噩噩，一氣渾然者也。夫人生於天地之間，秉陰陽之性，本有渾然之元氣，但為物欲所蔽，於是拙氣拙力生焉，加以內不知修，外不知養，以至陰陽不合，內外不一，陽盡生陰，陰極必敝，亦是人之無可如何者。惟聖人有逆運之道，轉乾坤，扭氣機，能以後天返先天，化其拙氣拙力，引火歸原，氣貫丹田，於是有拳術十三勢之作用，研求一氣伸縮之道，所謂無極而能生太極者是也。」

有的拳派還在預備勢中加些輕微動作幫助調節。如吳

簡化太極拳「預備勢」
邱慧芳演示

和式太極拳「預備勢」
和有祿演示

式傳統太極拳預備勢要領中即有「兩手鬆掌，徐徐提起，漸漸垂下，提手是吸，垂手是呼，呼吸用鼻」，以手的升降配合調節呼吸。其預備勢口訣為：「立身中正頂頭懸，腹內鬆淨氣騰然，三陽聚首於百會，氣沉丹田在關元；太極長拳號內功，呼吸導引十四經，吐納本是內家功，推陳布新調元神。」

和式太極拳預備勢練法：兩腳與肩同寬，成平行步；下頜微內收，閉口叩齒，舌尖輕抵上齶，頭頂百會穴微上頂，似有線上牽之意，使頸項豎直，謂虛領頂勁。含胸拔背，正腰落胯，提肛裹臀，收腹吊襠，自然腹式呼吸，靜心凝神，物我兩忘，全身透空。兩手自然垂放於胯窩處，肘、膝關節

吳式太極拳「預備勢」
吳鑒泉演示

放鬆微屈。兩眼平視，目光不著意落於周圍某物上。

「無極勢」詩曰：

太極未生無極空，身心意氣輕靈中。
一息綿綿周天轉，舉手應物見眞功。

# 二、起　勢

起勢為整套拳架動作的開始，有了動作就分了陰陽。預備勢準備充分後，自然向起勢過渡，由靜而動。每種太極拳都在起勢中把各自的練習特點蘊含其中了。

起勢一般包括以下幾步：

## 1. 分　腿

雙腳平行分開，與肩同寬，左右虛實展現。

## 2. 起　手

吳式太極拳「起勢」
馬海龍演示

抬臂與落臂，上下虛實出現。調整呼吸，達到內外溝通。此時要求，心要靜，氣要平，身要正。抬臂時掌心向下，手臂緩緩抬起，與肩同高，落臂時緩緩鬆沉向下，完成一個陰陽變化的循環，隨落掌雙腿逐漸屈蹲，並配合呼吸。

《十三勢白話歌》中描述起勢：「提頂吊襠心中懸，鬆

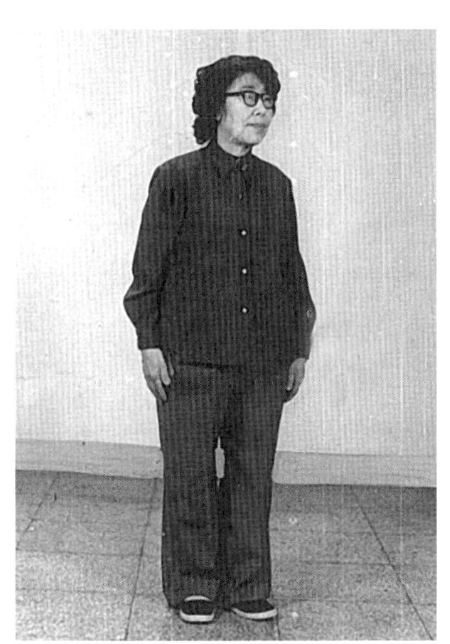

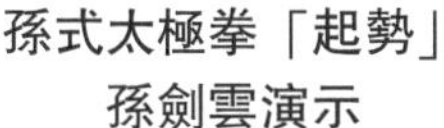

孫式太極拳「起勢」
孫劍雲演示

陳式太極拳「起勢」
陳正雷演示

肩沉肘氣丹田，裹襠護肫須下勢，含胸拔背落自然。」

在每種太極拳流派中，起勢練法相似度較高，細小的地方略有不同。多數太極拳起勢面向正前，孫式太極拳起勢中有向左側轉動之勢。

孫祿堂講解孫式太極拳起勢：「兩手下垂，兩肩鬆開，右足尖向裏扭直，與左足成為四十五度之形式。頭與右足向裏扭時，同時亦向左邊扭轉，兩眼向斜角看去。將心穩住，氣往下沉。腰用意塌住，要自然，不可用拙力塌勁。頭扭之時，要與心意、丹田、上下內外，如同一氣旋轉之意。舌頂上齶，穀道上提。如此則謂之轉乾坤、扭氣機，逆運先天真一之氣，此氣名之曰太極。」

陳式太極拳在起勢中就蘊含了纏絲之法。陳小旺講解

武式太極拳「起勢」
喬松茂演示

楊式太極拳「起勢」
楊振鐸演示

起勢：「身體微下蹲，兩臂微屈，緩緩抬起與肩平，掌心朝下。隨著重心下降，兩手緩緩落至腹前。身體略左轉隨即向右轉，同時兩手向左畫弧，右手先順後逆，左手先逆後順。向右後上方平捋，置於身體右側。」

陳正雷講解：「身體微向左轉，重心右移。兩手左逆右順，走弧線向左前上方掤出。身體右轉，重心由右移至左腿，右腳尖外擺，兩手右逆左順纏向右後捋。」可見在起勢時有了左右弧形運轉之勢。

楊式太極拳則是平起平落。雙手掌心向下，緩緩抬起，與肩同高時再緩緩落下，與呼吸自然配合。身體各關節鬆暢氣順，不可僵直。

和式太極拳起勢練法：兩手同時向身體外側勻速上抬

和式太極拳「起勢」
和有祿演示

畫弧，手指向上，與頭同高，再同時向身體中線合，至面前再自然落下，兩臂復原位；腳成右實左虛。兩臂上行，肘高不過肩，忌低頭彎腰。意念活潑自然，在似有似無之間。和式太極拳起勢歌訣為：「起勢中正周身鬆，腳與肩寬距均衡。納吐自然元氣增，延年益壽太極功。靜中觸動陰陽現，立如秤準頂頭懸。身軸微轉四象動，前後左右敵栽空。」

「起勢」詩曰：

勢分陰陽動靜生，虛實初現氣運身。
從此剛柔混一體，萬般變化皆由心。

# 三、攬雀尾

「攬雀尾」是太極拳最重要的拳勢之一，有人將其稱為太極拳的「母勢」。因為在這一勢中，包括了太極四正手的掤、捋、擠、按法，練好了本勢，就掌握了太極拳的核心技術。

楊澄甫解釋攬雀尾：「為太極拳體用兼全之總手，即

楊式太極拳「攬雀尾」
汪永泉演示

吳式太極拳「攬雀尾」
吳鑒泉演示

推手所謂黏連貼隨，往復不離不斷，遂以雀尾比喻手臂，故總名之曰：攬雀尾。其法有四：曰掤、捋、擠、按。」《太極拳全體大用訣》：「太極拳法妙無窮，掤捋擠按雀尾生。」

「攬雀尾」名稱最早出現在楊式太極拳中，由於傳授過程中的口音誤傳等原因，攬雀尾也被記為「攬切尾」「攬雀畏」等。

關於「攬雀尾」還流傳著一些武林傳說，其一為張三豐在武當山觀鳥蛇爭鬥，對鳥的轉身擺尾，回旋撲擊、進退變化之法深有感悟，創太極拳法，「攬雀尾」即為其中核心招勢。

孫式太極拳「懶紮衣」
孫劍雲演示

武式太極拳「懶紮衣」
吳文翰演示

武式太極拳「懶紮衣」包含了掤、捋、擠、按四種勁法
翟維傳演示

其二為楊露禪的有關傳說，在《大極拳使用法》中有一篇《楊露禪先師軼事》文章，其中寫道：「有飛燕入簾，低繞近身，即起手速抄之，顧謂僧曰，此鳥馴就人，聊與為戲何如，輒承以右掌而左手撫之，旋縱使去，燕振翼擬起，師微將掌忽隱忽現，燕不能飛去。」以燕雀在掌中不能飛走，說明太極拳之粘勁、虛空之勁的高深。

在楊式太極拳、吳式太極拳中都有「攬雀尾」動作名稱，而陳式太極拳、武式太極拳、孫式太極拳中沒有該動作名稱。武式太極拳、孫式太極拳中名為「懶紮衣」的拳勢，與楊式、吳式的「攬雀尾」近似。武式太極拳中更有「左懶紮衣」「右懶紮衣」，包含了「掤、捋、擠、按」的練法。有拳家認為，楊式太極拳「攬雀尾」勢即由陳式

太極拳「懶紮衣」勢演變而來。

「攬雀尾」勁力變化豐富，身、手開合回旋，進退有度，然仍以「守中」為要。傳統吳式太極拳中有「攬雀尾」口訣曰：「升降沉浮守中土，總而言之合即出；旋轉進退與開合，身法步法須一致，周圍面積三百六，內外大小俱為一；外用向心包圍力，內用離心脫困圍，主動被動互乘變，得其環中樂融融；學者識得內外旋，上下進退俱了然。」

在吳式太極拳中還有「上步攬雀尾」，將「攬雀尾」練法與上步相配合。其口訣為：「涵胸墜肘採捋勁，乘虛而入攬雀尾，吸引對方失重心，乘勢擠靠可任施。」

**「攬雀尾」詩曰：**

欲有還無勁非空，開合進退勢在中。
四正非正氣鼓蕩，空靈有處是沉雄。

# 四、單　鞭

太極拳的典型拳勢，幾乎所有流派的太極拳中都有此勢。在傳統陳式太極拳一路中有七個單鞭勢子，在傳統楊式太極拳八十五式中有十個單鞭，可見其重要地位。

兩臂橫展開，高與肩齊，如橫擔一鞭，故名。有人認為「單鞭」乃相對於「雙鞭」而言，強調此勢以一手擊人

陳式太極拳「單」，兩腿虛實分明，掌鈎左右相應，肩肘沉鬆，氣沉丹田　陳小旺演示

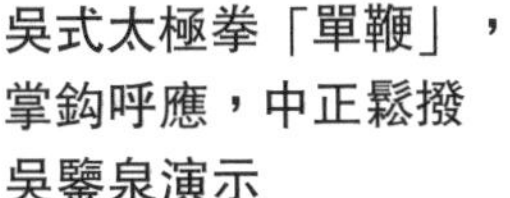

吳式太極拳「單鞭」，掌鉤呼應，中正鬆撥 吳鑒泉演示

孫式太極拳「單鞭」，雙手為掌，左右撐開，重心在左腿，目視右側 孫劍雲演示

的特點。

太極拳研究家許禹生在《太極拳勢圖解》中解釋：「單者，單手之意。鞭者，如鞭之擊人。單式練習時，也可改為雙手，同時向左右分擊，名雙鞭式。」

還有人認為該勢以一手為掌向前揮出，如跨馬揚鞭。著名太極拳家陳鑫解析道：「何謂單鞭？曰：兩手不在胸之前後，而在肋之左右。左右肱展開，其勢似單弱，其勢如鞭之毒。兩肱展開，又如一條鞭。故名。」

陳式太極拳、楊式太極拳、吳式太極拳、趙堡太極拳中均是一手為鉤，一手為掌。孫式太極拳、武式太極拳中兩手都為掌，從此勢可明顯看出孫式太極拳和武式太極拳的淵源關係。

與楊式、陳式太極拳不同，孫式太極拳的單鞭是兩手

吳式太極拳「單鞭」過渡動作　馬海龍演示

楊式太極拳「單鞭」，兩腿為弓步，掌鈎有前後相應之勢，中軸穩定，頭正身直　傅聲遠演示

同時向外分開，而不是單手向外運按。兩腿均為三七開的偏馬步，借鑒了形意拳三體式的要領。

孫祿堂論說單鞭要領：「兩腿裏屈要圓滿，不可有死彎子。身子仍要直，兩肩要鬆開，兩腿裏根亦要鬆開縮勁。兩肩兩腿裏根均鬆開，腹即能鬆開，腹鬆開氣即能收斂入骨，神舒體靜。腹內之氣不可驟然往下壓力，要以意運氣，徐徐下注於丹田。」

「單鞭」重在支撐八面之勢、氣吞萬里之威。雙臂展開。一腿實，一腿虛。上體端正，虛領頂勁。氣宇軒昂，含而不露。「單鞭」之兩手，無論是掌是鉤，都有外撐之勁。拳諺中說「雙手推出拉單鞭」，一撐、一拉，飽滿之勁得以生動展現。楊式太極拳面向身體一側，陳式太極拳

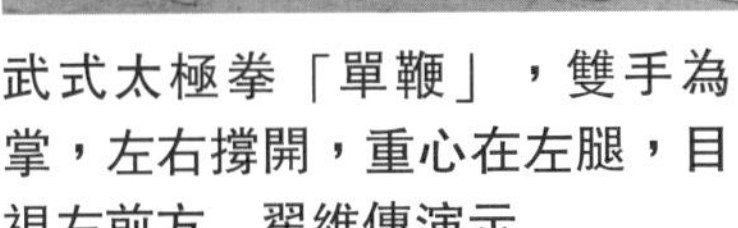
武式太極拳「單鞭」，雙手為掌，左右撐開，重心在左腿，目視左前方　翟維傳演示

楊式太極拳「單鞭」變化過程動作　牛春明演示

面向兩臂中間，且重心偏向比例有所區別。

「單鞭」的外撐之手，要撐展到位，氣達梢節。孫祿堂說：「先將兩手腕往外扭，再從心口橫平著，如抱長杆，往左右徐徐分開到極處。」呼吸配合動作，先吸後呼，隨向外展掌呼氣。

「單鞭」在應用中被認為含有跌、打、摔、拿等多種技擊方法。在練習中，眼、手要相互配合，手臂的轉動要以腰為軸來帶動。

楊澄甫強調：「左右手平肩提起，手心向下，一致隨腰，左右往復蕩動，以稱轉動之勢。」技擊用法中：「左手向裏，由面前經過，往左伸出一掌，手心向外，鬆腰胯，向敵之胸部逼去，沉肩，垂肘，坐腕，眼神隨之往

趙堡太極拳「單鞭」　趙增福演示

前，俱要同一時動作，則敵人未有不應手而倒。」

傳統拳譜中對「單鞭」的技擊有生動描述：「單鞭一勢最為雄，一條長蛇畫西東，擊首尾動精神貫，擊尾首動脈絡通，中間一擊首尾動，上下四旁扣如弓。」

「單鞭」的架勢雖然開展，但關鍵在於「合」字，開展而不散，身體處處合住，則周身一氣。

陳鑫論道：「單鞭一勢，起初心欲先合之後有心無心之間，說合上下一齊合住。」「上下體皆外往裏合住精，方不散渙。」

吳式太極拳「單鞭」口訣曰：「右手作鉤是為吸，左手分掌即是呼。目隨手勢向左轉，含胸拔背神貫頂。裹襠

趙堡太極拳「單鞭」　王海淵演示

護臀尾閭正，滿身輕利頂頭懸，立身中正氣沉靜，鬆肩墜肘如泰山。」

在過去的太極拳著作中，曾有人將本勢寫為「丹變」，應為讀音傳播的差別。有些太極拳套路中，根據單鞭動作的身體方向，又有「斜單鞭」的名稱。

「單鞭」詩曰：

鉤掌虛實兩側分，回旋以腰八面撐。
開中有合渾然意，不棄不離藏精神。

# 五、提手上勢

「提手上勢」從楊式太極拳之後才出現，陳式太極拳中無此勢，但陳式「金剛搗錐」的前半段練法有相通之意，所以也有研究者認為，後來幾種流派的「提手上勢」是由陳式太極的「金剛搗錐」衍化而來，只是去掉了震腳

陳式太極拳「金剛搗錐」前半段動作　陳正雷演示

楊式太極拳「提手上勢」
汪永泉演示

吳式太極拳「提手上勢」
翁福麒演示

砸拳的動作。

一手在上，一手在下，意勁有上提之意。提手同時，配合有上腳的動作，故名「提手上勢」。此勢雖然強調了「上提」，但不可虛浮，更應注意身形、意氣的下沉，體現太極拳「有上必有下」的矛盾統一。

提手上勢的「提」有兩重含義，一是自己向上提勁，二是提對方之勁，並進而下挫之。本勢雖以「提」為核心，但並非單一「提勁」，是多種勁力的複合體。

楊式太極的「提」中，兩臂含有相向的內合勁；

吳式太極在「提」前先有「擠」勁，「提」中還有上下對撐勁；

武式太極「提」後有「擠」；

武式太極拳「提手上勢」
胡鳳鳴演示

孫式太極拳「提手上勢」
孫祿堂演示

孫式太極「提」中有上下「擰」勁。

外形動作上，吳式、孫式、武式有相近之處。

楊式太極拳「提手上勢」，楊澄甫講解：「重心在左腿，右足提起向前進步，腳跟點地，腳尖虛懸，全身坐在左腿上，含胸拔背，鬆腰，眼前視，同時將兩手互相往裏提合，是為一合勁，右手在前，左手在後，兩手心左右相向，兩腕提至與敵人之肘腕相銜接時，須含蓄其勢，以待敵人之變。」

吳式太極拳「提手上勢」，先以擠法上步，右手為鉤上提至面部，勾手變掌，並使掌心外翻上托，稍高於頭；左掌下按於腹前。雙膝隨之同時由曲漸伸，眼看右手。

吳式「提手上勢」口訣：「兩手相合來抱攏，右手上旋左下按，如若推進為擠勁，提高上旋乃上勢；右手上旋左下按，坐身屈腿向前看，兩肘微彎氣貼背，提手上勢乃一體。」

武式太極拳「提手上勢」由「單鞭」變化而來。左腳實右腳虛，右腳向左腳靠攏，以右足尖點於左腳前上方，右手向下、向左弧形按下，置於腹前，手指向前，左手向上提舉，手心向外，高與頭齊，有上托之意。

孫式太極拳「提手上勢」，身體重心在左腿，左手向上畫弧至前額，手心向外，右手向下畫弧至腹前，手指向

太極拳競賽套路中的「提手上勢」
林秋萍演示

下，手心向右，同時右足靠攏左腿。足尖著地，與左足尖相齊。兩腿微彎曲。目視前方。身體平穩，塌腰。

由於提手虛實分明、形態優美，在很多太極拳競賽套路中均選編了此勢。

「提手上勢」詩曰：

將提未提虛中實，上提下沉曲中直。
提筆縱寫雲端字，落墨不散氣滿紙。

# 六、白鶴亮翅

著名太極拳式之一，象形名稱，動作也有仿生之意。雙臂分張開如鶴之展翅，一腳虛起又如鶴之獨立，故名。在早期的陳式太極拳中，有的套路中稱為「白鵝亮翅」，陳鑫解釋此勢「如白鵝之鳥舒展羽翼象形也」，並深入解析其內涵為「人之涵養，元氣如鵝，伏而不動，以養精神」。孫祿堂早期出版的著作中，也出現有「白鵝亮翅」的名稱。武式太極拳中現在仍稱為「白鵝亮翅」。在趙堡太極拳等拳派的一些套路中稱為「白鶴晾翅」。

基本要領為：一腳實一腳虛，手臂上展下按，懸頂回襠。行式時氣貼脊背，收斂入骨，勢雖開展而不散亂，尤需尾閭中正。含仰之彌高、俯之彌深之意。模擬白鶴之輕靈，神氣貫通。

陳式太極拳「白鶴亮翅」
李經梧演示

楊式太極拳「白鶴亮翅」
傅鍾文演示

吳式太極拳「白鶴亮翅」
翁福麒演示

武式太極拳「白鶴亮翅」
賈朴演示

孫式太極拳「白鶴亮翅」
孫劍雲演示

各流派太極拳在具體練法上有所區別。

陳式「白鶴亮翅」：兩腳為虛步，右腳實，左腳虛。雙手左右上下分撐，手心均向外，有撐彈之勁，目視前方。白鶴亮翅在陳式太極拳一路中共有三個，第一個在金剛搗錐之後，第二、第三個都在中盤之後。

楊式「白鶴亮翅」：左腳虛前點地，右腳在後，重心在右腿。左手掌心向下沉按至左胯旁，右掌心側向上，提護至頭右角上方。

吳式「白鶴亮翅」：旋轉幅度較大，有俯仰動作。吳式「白鶴亮翅」拳訣云：「白鶴亮翅似舒羽，內求圓活外鬆展，身形扭轉向左看，兩肘彎曲氣膨滿；身軀扭轉回正位，兩肘下沉護頭面，勢勢顯示神安泰，肩肘鬆覺腿曲彎。」

武式「白鵝亮翅」：兩腿右實左虛，呈右弓步。右掌向右畫弧，置於右額前上方，左掌舒臂坐腕前按，高與胸齊，兩手掌心皆向前，手與胸背之間有圓活之趣。

趙堡太極拳「白鶴亮翅」
王海洲演示

孫式「白鶴亮翅」：先以右足向前，繼而左足跟進，同時兩手掌心向前，與腳動完整一氣，徐徐前推，推至兩胳膊似曲非曲，似直非直，兩眼看

太極拳推廣套路中的「白鶴亮翅」
陳思坦演示

兩手當中。

趙堡太極拳「白鶴亮翅」：右腳上步變實，左腳跟上虛點右腳旁，雙手由下向上經頭前向下按出，左手高與胸平，右手高與眉齊，雙手掌心朝外，眼向右手前方平視。趙堡太極拳「白鶴亮翅」歌訣為：「順手牽羊轉輕靈，提膝上打不容情，螺旋引空肘擊出，進退全憑腰換勁。」

在簡化太極拳以及多種太極拳推廣和競賽套路中，「白鶴亮翅」也是一個典型動作。

### 「白鶴亮翅」詩曰：

身展勁圓武翩翩，氣在丹田神在天。
心意放飛南山外，自稱吾是拳中仙。

# 七、摟膝拗步

手腳齊動的配合動作。腳下有幅度較大的邁進，手從胸前摟繞，左手左腳或右手右腳同向運動，與日常生活走步相反。且左腳在前時右手在前，手腳前後相反，故名「摟膝拗步」。

楊式太極拳「左摟膝拗步、右摟膝拗步」　嚴承德演示

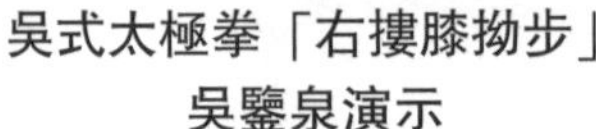

吳式太極拳「右摟膝拗步」
吳鑒泉演示

吳式太極拳「左摟膝拗步」
馬海龍演示

吳圖南先生在《國術太極拳》中解釋「摟膝拗步」為：「拗步者，不順之步，即進左步而右手前伸，或進右步而左手前伸也。摟膝則以手下摟拗步之膝之謂。」此勢有步法的練習，也有手法的練習。能有效增進手腳齊用的協調性。

「摟膝拗步」是各式太極拳中步法練習最為典型的拳勢之一，步子運行空間範圍較大，其中的步法練習，最為突出體現了每一流派的行步特點。

步子為斜向前進，所以《全體大用訣》中說「摟膝拗步斜中找」。其手法的運行也較為舒展，摟膝之手的作用一為保護下盤，二為虛演招式，與另一手的進技相配合。擊出的手要領很關鍵，要放鬆擊遠，特別是勁、意要遠，要氣達梢節，要打透對方，但同時不可太直，須留有餘

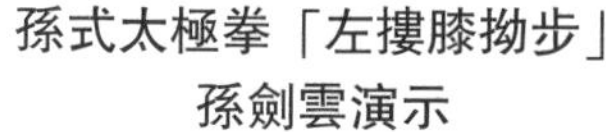

孫式太極拳「左摟膝拗步」
孫劍雲演示

孫式太極拳「右摟膝拗步」
孫祿堂演示

地，肘部要有弧度，給變化留有充分空間。後退的蹬步要與摟膝、擊手完整一致。

楊、吳、武、孫等的「摟膝拗步」定勢時均後手在下，掌心向下按於胯旁，前手掌心向前，高約與眼平。陳式、和式太極有所不同。

楊式太極拳傳統套路中包括三個連續的「摟膝拗步」，分別為「左摟膝拗步、右摟膝拗步，左摟膝拗步」，連續的步法為一類似的「S」形。

楊澄甫解說「左摟膝拗步」為：「設敵從我左側中下二部，用手或足來擊，我將身往下一沉，實力暫寄於右腿，左足即提起向前踏出一步屈膝坐實，右足亦隨之伸直，左手同時轉上至右胸前向左外往下，將敵人之手或足摟開，右手同時仰手心垂下，直往後右側輪轉旋上至耳

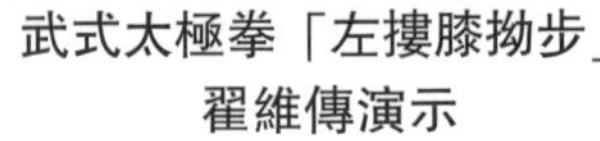

武式太極拳「左摟膝拗步」
翟維傳演示

陳式太極拳「斜行拗步」
陳正雷演示

旁，張掌，手心向前，沉肩墜肘，坐腕鬆腰前進，眼神亦隨之前往，向敵人之胸部按去。身手各部須合成一勁，意即揚長前往，便為得力。」「右摟膝拗步」完全對稱練習。

傳統吳式太極拳套路中是連續的「左右摟膝拗步」動作。其練習口訣為：「摟膝拗步取攻勢，左手採捋向下按；右手打出順勢搓，虛實相應功效佳；左右摟膝純一理，摟為採捋按向前，進退步法連環式，步隨身換有虛實。摟膝拗步攻守宜，前進後退左右斜；進退轉換須靈敏，得心應用在感覺；摟為採捋按前進，左右斜按隨身轉，感覺靈敏變化多，懂勁之後乃靈活。」

孫式太極拳傳統套路中也包括「左、右摟膝拗步」，但並不相連，中間間隔若干個拳勢。整個套路中共有五個

趙堡太極拳「摟膝斜行」
王海洲演示

「摟膝拗步」，為出現次數最多的拳勢。從頭到尾，是重要的貫穿性動作，也可以看出孫祿堂先生對此勢的高度重視。孫式「左摟膝拗步」練習法為：

身體向左擰腰，蹬右腳，將重心移到左腳上，同時左手向膝蓋外摟去作弧形回到左胯邊停住，右手隨轉身向左前方平著推出，臂微屈，塌腕，同時右腳跟步至左腳後，足尖點地，眼看右手食指尖。

與楊、吳式隨推掌蹬後腿不同，孫式太極在推掌的同時有跟步動作，右手前推與右腳跟步要協調一致。

武式太極拳中「摟膝拗步」也出現多次，左右摟膝拗步中以手揮琵琶相連。左摟膝拗步時左腳先向左前方邁出，以足跟著地，腰胯帶動身體先後左轉、右轉、再左轉，雙臂順時針方向畫一立圓，向左前方摟膝推按掌。在推掌過程中，重心逐漸向左腿轉移，呈左弓步。要提頂吊襠，鬆肩沉肘，湧泉下沉，脊背鬆展。右手高不過眼，遠不過前腳尖，目視前方。「右摟膝拗步」對稱練習。

各式此動作腳步均弧形斜走，陳式為前趟步。陳式太極拳中將摟膝與斜行連在一起，合稱為「斜行拗步」，其定勢時與「單鞭」近似，但掌、鉤左右手相反，也有人稱其為「右單鞭」。

陳式拳譜中此勢中關於摟膝歌訣為：「摟膝拗步右引掤，左步斜進捋擠成。敞開大門隨意使，六封四閉虛要靈。」關於斜行，歌訣為：「斜行化拿左腳踹，進步平挒轉身採。右轉掤法無窮變，三進左肩側身靠。」

趙堡太極拳此勢名稱為「摟膝斜行」，步法為斜向上行，定勢為左弓蹬步。手法包括內合、外掤、鉤拿等。身法包括上起、下蹲、沉坐。整個勢子虛實變化明顯，手臂左右前後運轉範圍較大。其拳訣為：「摟膝斜行西方管，對方拿我以拿還，膀肩齊到插足上，螺旋轉動敵跌翻。」

「摟膝拗步」詩曰：

上下呼應身法靈，曲步折行奪位進。
風行無跡穿林過，手腳齊到已成眞。

# 八、倒捲肱

本勢是太極拳中為數不多的倒步動作。在各式的傳統套路中，也有的稱之為「倒攆猴」，如楊澄甫《太極拳體用全書》中就名為「倒攆猴」，但後來楊式太極拳套路以及現代創編的推廣和競賽太極拳套路中多選用「倒捲肱」名稱。吳、武、孫等傳統套路多稱「倒攆猴」。倒為倒步，手旋轉前推謂之「捲」。陳式太極拳中也曾被稱為「倒捲紅」，「紅」比喻如紅鐵出爐，驚擊快烈，人不能近，陳鑫在書中即用此名。

「倒捲肱」在套路中一般都是左右式對稱反覆練習。分「左倒攆猴」和「右倒攆猴」。有時合稱「左右倒攆猴」。此式步法不斷後退，並以手前擊。

陳式太極拳「倒捲肱」
田秋茂演示

基本要領為：以一手引敵前撲，繼而撤步，另一手擊其頭部，如此反覆練習。練習此式時身法應靈活，撤步

楊式太極拳「倒捲肱」　傅聲遠演示

與擊手協調統一。

陳式太極拳「倒捲肱」要求以丹田內動帶動腰部轉動，引領步法弧形退走，同時兩手折疊前後伸展，先合勁後開勁。

吳式太極拳「倒攆猴」
翁福麒演示

楊式太極拳「倒捲肱」練法：翻仰左掌，用沉勁鬆腰胯，向左後縮回，左腳亦退後一步，屈膝坐實，右腳變虛，右手同時向後分開，至其失卻握力時，急向前按去。此式雖然倒退一步，仍可攆去敵勁，故謂之「倒攆猴」，其要尤在鬆肩沉氣。

吳式太極拳「倒攆猴」練習要領：前手鬆腕舒伸下

武式太極拳「倒攆猴」
翟維傳演示

孫式太極拳「倒攆猴」
孫祿堂演示

按，中心移動到後退，前腳尖抬起，呈後坐式，後手鬆腕提至耳側，意在前手掌心。前腳後退，同時後掌向前舒伸推按出，掌心朝外，指尖向上，大拇指對鼻尖，目視前方，意在掌心。後腿伸直，腳掌虛著地。前手掌回撤胯旁，掌心向下，虎口朝前。左右手臂在前後伸展同時，有內旋相合之感。

和式太極拳「倒攆猴」
和有祿演示

武式太極拳「倒攆猴」為斜撤步，以一隻腳占住中心，

簡化太極拳套路中的「倒捲肱」　邱慧芳演示

另一隻腳做適當旋轉撤步，強調「退時主圓」的武式特點。後退步時有旋身動作，隨旋身沉掌下按。

孫式太極拳「倒攆猴」，其「退步」演化成了「進步」，大的方向為退，實則轉身後變成了進，仍向身體的前方邁步。這是孫式太極拳在這一勢上比較獨特的地方。

和式太極拳中也稱為「倒攆猴」，左右腿重心互換，

連環退步，同時左右掌在體前旋動。

兩手手臂的交叉上各式有所不同，陳式太極拳的「倒捲肱」，雙手手臂交叉幅度較大，後手臂向前壓前手臂呈十字交叉推出；楊式太極拳後手掌經前手臂上方，為平行交叉，向前推出。

吳式太極拳、武式太極拳「倒攆猴」左右手同時反向運動，沒有明顯的空間交叉；吳式太極拳兩手臂的橫向距離更大一些。

步法上陳式太極拳「倒捲肱」弧形後退，有擦地步法。楊式、武式、吳式為弧形抬步後退。孫式太極拳為轉身邁步後退，後腳依然有跟步步法。

簡化太極拳中的「倒捲肱」基本上取法傳統楊式太極拳的練法。

### 「倒捲肱」詩曰：

倒步似退實為進，手腳前後勁錯分。
引進不空虛中實，我守我疆蘊經綸。

# 九、手揮琵琶

名稱優美，如詩如畫，造型生動。此式雙臂上下合抱，如撥琵琶，故名。基本要領為：身體下坐鬆沉，雙腳一前一後，一虛一實。雙手上揮，左高右低，左挒右採。此式既可拿敵，又蓄勢帶變。在技擊中有時以左手收敵右肘，以右手鎖其右腕，以腰為軸可合而制之。此勢比較鮮明凸顯了虛實的對應與互動關係。「手揮琵琶」與「提手上勢」在外形上具有很大程度的相似性，左右方向相反，但內在勁力是有區別的。

楊式太極拳練法：屈右膝坐實，含胸拔背，左腳提起，腳跟著地，右手同時往後收合，往右側下採挒，左手同時由左前向上收合。立定重心，左挒右採，收蓄氣勢。右手指尖高約與左手肘齊，目光平視向前，左手有向前提伸感覺。兩掌心前後遙對，開襠鬆胯，沉氣穩定。

楊式太極拳「手揮琵琶」
楊振基演示

武式太極拳「手揮琵琶」
賈朴演示

孫式太極拳「手揮琵琶」
孫劍雲演示

楊式太極拳「手揮琵琶」：前腳為腳跟著地，呈虛步。

武式、孫式「手揮琵琶」：前腳為腳尖著地，虛點步。孫祿堂論述「手揮琵琶」之內功要領：「神氣穩住，不偏不倚，腹內鬆靜，周身輕靈，如同懸空之意。內外要一氣著往後撤，不可散亂。」

吳式太極拳「手揮琵琶」
吳圖南演示

吳式太極拳「手揮琵琶」：左手掌心朝外，右手

趙堡太極拳「收回琵琶勢」
王海洲演示

掌心朝裏，屈臂垂肘。左腳先上步，右腳再跟步。

趙堡太極拳中有「琵琶式」和「收回琵琶式」，練法過程與其他式的「手揮琵琶」有相似之處，左右手一上一下，相對相合，兩腿為虛步。但定勢有所差別，腳下仍為右實左虛的虛步，左手為鉤，落在膝部，右手為掌，收回腹前。

陳式太極拳中沒有「手揮琵琶」勢子，但其「初收」「再收」練法與之有相通之處。兩手為掌前探，左腳虛提起。有拳家認為，楊式太極拳之「手揮琵琶」實則由陳式太極拳「初收」演變而來。

陳式太極拳「初收」
田秋茂演示

「手揮琵琶」詩曰：

沉身虛坐起雲霞，
左右掩映奏琵琶。
萬壑鬆鳴天籟曲，
流轉天地氣自華。

# 十、蹬　腳

在每種太極拳流派中都有蹬腳的動作，這是運用腿腳功夫的必然鍛鍊方式。「蹬腳」又分「左蹬腳」「右蹬腳」「轉身蹬腳」「回身蹬腳」等。該式以腳跟為力點，向外蹬擊，故名。

「蹬腳」的基本要領為：單腿獨立，另一腿屈膝提起，腳尖回鉤，以腳跟向外蹬出，同時兩臂外張，目視腳蹬前方。練習此勢身體要注意保持穩定，中正。初學者容

楊式太極拳「蹬腳」　嚴承德演示

吳式太極拳「右蹬腳」
吳公儀演示

吳式太極拳「轉身左蹬腳」
吳鑒泉演示

陳式太極拳「蹬一根」　馬虹演示

易造成身體的傾倒，需要在練習中逐漸體會把握要領。作為對平衡性有一定要求的拳勢，在競賽套路中，運動員往往腿抬得較高，體現良好身體素質。傳統太極拳套路的練

武式太極拳「右蹬腳」
胡鳳鳴演示

習，不追求腿的過分高度，一般在身體中部位置，具體每個人的練習高度可根據自身身體條件以穩定適度為宜。

「蹬腳」是一種獨立勢，單腿支撐，它又是一種腳法的使用。這種拳勢在多種太極拳套路中一般有兩種，一為「蹬腳」，另一種為「分腳」。腳尖回鉤，力點在腳跟為「蹬腳」，腳尖前展，力點在腳尖為「分腳」。這兩種腳法力點不同，在全身的感覺及細微的要領上還是有所區別的。它們共同的鍛鍊作用有三，一是鍛鍊平衡能力；二是提升腿腳的技擊能力；三是鍛鍊全身特別

武式太極拳「左蹬腳」
胡鳳鳴演示

是手、腳的配合協調能力。

楊式太極拳做「蹬腳」時，雙手張開為掌，反轉手臂掌心分別向前後、向外展推。

孫式太極拳「左蹬腳」
孫劍雲演示

吳式太極拳「蹬腳」時，雙手為掌，雙臂張開在身體兩側，掌心向內。

陳式太極拳的「蹬腳」動作為「蹬一根」，腳外蹬時手腳均有彈抖發勁動作，並且兩臂外展時兩手為握拳。蹬腳時要求氣沉丹田，立身中正。據傳陳家溝拳師過去在練功時，在地下埋一些木樁，用腳去蹬擊，一根一根蹬斷，來練習全身和腳的發勁，故稱「蹬一根」。陳式太極拳的「蹬一根」前接轉身動作，借助雙臂的纏絲帶動身體旋轉，雙手如同掛在樹上，因此也有人稱之為「掛樹蹬腳」。

孫式太極拳「右蹬腳」
孫永田演示

競賽太極拳套路「蹬腳」 孔祥東演示

武式太極拳傳統套路中分別有「轉身蹬腳」「轉身蹬一根」拳勢，動作要領相近。

孫式太極拳中有「轉身蹬腳」「轉身右蹬腳」拳勢，分別為左、右蹬腳。要求蹬腳時「腰微往下塌，腹內鬆開，氣亦要往下沉」。

蹬腳、分腳等抬腿動作，技擊威力比較大，但運用時機一定要掌握好，不輕易使用，因為使用不當會被對方所乘。

「蹬腳」詩曰：

立身平穩單腿撐，腳蹬連環膽氣生。
手腳互動上下打，哪個虛實敵難分。

# 十一、搬攔捶

「搬攔捶」經常與「進步」相連，所以稱為「進步搬攔捶」，也稱「上步搬攔捶」。「搬攔捶」在有的套路中稱「扳攔捶」「搬攬捶」。太極拳中「捶」有兩個含義，一為拳，二為以拳擊打。除搬攔捶外，還有指襠捶、肘底捶、撇身捶、栽捶等，有人稱之為「太極五捶」。

「搬攔捶」練法如其名，搬、攔、捶連環三招，一氣呵成。「搬」為轉臂、翻臂或者擺臂格拳，「攔」為左手橫攔，「捶」為右拳出擊。「搬」為引，其中包含有捌

楊式太極拳「搬攔捶」　楊振鐸演示

吳式太極拳「搬攔捶」
吳鑒泉演示

吳式太極拳「上步搬攔捶」
吳圖南演示

勁、採勁等；「攔」為化，其中包含有掤勁、捋勁、採勁等；「捶」為打，整勁發出。

此勢動作要以腰帶動，不可只動手臂。以拳擊出時，腳、腿、腰都要借力送力。出拳既要擊透、擊遠，又不可太伸直，肘部留有曲度，高度約與胸齊。《十三勢白話歌》中說「搬攬捶兒打胸前」，言其拳打中部。《全體大用訣》中說「進步搬攔肋下使」也是此意。

楊式太極拳「搬攔捶」：右手出拳後，左手掌護於右手腕旁，掌心向右。右手拳眼向上。

楊澄甫解析楊式太極拳「進步搬攔捶」練法及用法要點：「腰往左拗轉，左手即往後翻轉至左耳邊，手心向下，右手俯腕，隨轉至肋間，握拳，翻腕向右轉腰，右拳隨之旋轉至右肋下，此謂之搬；同時提起右腳側右踏實，

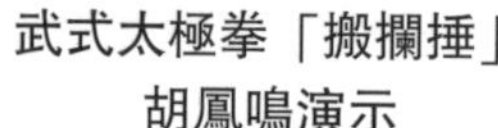

武式太極拳「搬攔捶」
胡鳳鳴演示

孫式太極拳「搬攔捶」
孫劍雲演示

鬆腰胯沉下，左手即從左額角旁側平向前擊，謂之攔；左足同時提起踏出一步，坐實，右足伸直，右手拳即隨腰腿一致向前打出。然此拳之妙用，全在化人擊來之右拳。先以我之右手腕，黏彼之右手腕，從左肋上搬至右肋下，其時，恐敵人抽臂換步，即將左手直前隨步追去，寓有開勁。攔其右手時，即速將我右拳向敵胸前擊去，則敵不遑避，必為我所中。此拳之妙用，所以全在搬攔之合法也。」

吳式太極拳「搬攔捶」，亦為左掌右拳，弓步出擊。吳式太極拳中除了有多個「上步搬攔捶」外，還有「卸步搬攔捶」，練習時右腳後撤，故稱「卸步」。

吳式太極拳「搬攔捶」口訣曰：「進步搬攔是截擊，搬攔掌後還有捶；氣力集中在拳頭，鬆沉轟然如撞擊；得

陳式太極拳「搬攔肘」
田秋信演示

機五勢連環用，真假虛實宜辨清；前進後退身靈敏，靈貓捕鼠示神奇。」

武式太極拳「搬攔捶」出拳後，右拳在左掌之上，左手掌心向下。

孫式太極拳套路中有「進步搬攔捶」「上步搬攔捶」兩種名稱，練法相似。其左手手型與其他太極拳流派的搬攔捶不同，為拳。右手拳從左手腕上直線打出，拳與胸平，拳眼向上，左手為拳回拉，拳心向下。右腳跟步。其中融入了形意拳崩拳的一些練法。

孫祿堂論述其要領為：「右拳往前打時，兩肩不可往下硬垂勁，兩肩兩胯裏根及腹內仍是鬆開，精神貫注。身式要中正，意氣要平和而不可乖謬。」

陳式太極拳中沒有「搬攔捶」拳勢，與之近似的是「掩手肱捶」。陳式太極拳二路中有「搬攔肘」，為雙拳左右擺擊法。

「搬攔捶」詩曰：

三招連環藏八法，拳掌交錯有蓄發。
無論亂拳披身過，直取中軍驚雷打。

# 十二、掩手肱捶

「掩手肱捶」是陳式太極拳核心動作之一，在傳統陳式太極拳一路中共出現四次，在二路中共出現六次。拳勢中有拳、有掌，有開有合，有守有攻，其中包括了蓄勁、發勁，構成一個完整的蓄發回合，是最能體現「蓄發相變」特點的一個拳勢，「蓄勁如開弓，發勁如放箭」在本勢中得到淋漓盡致的體現。練陳式太極拳發勁必須要先練好此勢。

掩手，一種含義指左手掩護為虛，右拳發勁為實；另一種含義指掩勁、蓄勁之意，拳勢結構中有掩映之象。陳

陳式太極拳「掩手肱捶」　田秋茂演示

式太極拳中此勢發勁要求為「捲放勁」，掩即為捲，捲緊再放。發勁時右手前擊與左手回掛相互配合，前後勁合成一體，左手勁通過身體的傳遞，轉化為右手前擊勁力。

趙堡太極拳「掩手肱捶」　原寶山演示

步型以馬步樁為基礎，在蓄、發中重心有變化。身法上有沉身、轉腰等動作，手法上有屈伸、旋臂、彈抖等動作。

趙堡太極拳中有「掩手捶」，有的稱「研手捶」，與陳式太極拳掩手肱捶相比，右拳沒有完全擊出，而是右拳掩在左掌中，兩手相合。

楊式、吳式、武式、孫式太極拳中與之相近的拳勢為「搬攔捶」。

「掩手肱捶」詩曰：

掩手掩面掩萬鈞，銀瓶乍破戰鼓鳴。
千堆雪浪齊捲起，鐵騎突出震雷霆。

# 十三、如封似閉

楊式、吳式、孫式、武式太極拳中都稱為「如封似閉」，陳式太極拳中與之相應的拳勢稱為「六封四閉」。

「如封似閉」中包括兩個環節：一為「封」，封堵對方的進攻；二為「閉」，關閉自己門戶，做到有效防守，將進攻與防守在一個動作中有機融合起來。從動作外形看，「封」為合臂，「閉」為推掌。各流派太極拳此勢在這兩個環節上大體相同，細節上各有特點。

楊式太極拳「如封似閉」
崔秀辰演示

楊式太極拳「如封似閉」
崔仲三演示

吳式太極拳「如封似閉」　吳鑒泉演示

孫式太極拳「如封似閉」
孫祿堂演示

武式太極拳「如封似閉」
翟維傳演示

此式中雙手交叉，狀如封鎖，雙掌前推又如閉門。練習時兩腿呈弓步，雙臂先合，交叉後分開，展手旋臂，內引回收，再翻掌向前推出。分手時要含有掤勁。在技擊時，如我右手被對方抓住，即可運用此式，以左手環轉之力，撥開對方鎖扣，進而撤右手，同時回調對方，並進擊之。

陳式太極拳「六封四閉」
陳斌演示

楊澄甫解析此式時強調，最後的按掌要「用長勁照按式按去，眼前看，腰進攻，左腿屈膝坐實，右腿隨胯伸直，合一勁，向敵擊去，此為合法」。

陳式太極拳「六封四閉」
王二平演示

吳式太極拳「如封似閉」定勢時為左弓步，雙手掌心向前推出。與楊式有所差別的是，在雙手推出前，雙手掌心向內，掌指朝上，右腿坐步回收。其拳訣曰：「如封似閉示神奇，隱現無常難尋跡；

認為真來又是假，突如猛虎把山推；瞭解陰陽虛實理，動中有靜靜復動；虛中有實實有虛，動靜虛實剛濟柔；進退呼吸要靈活，捕鼠捉影徒歎息。」

趙堡太極拳「如封似閉」王海洲演示

楊式、吳式太極拳「如封似閉」定勢為弓步，武式、孫式太極拳「如封似閉」定勢為虛步。

孫式「如封似閉」定勢為右實左虛步，雙掌收在胸口，與下一勢「抱虎歸山」相連，「抱虎歸山」時進步推掌。孫祿堂強調「身子要平穩，不可忽起忽落，高矮要一律」。

武式太極拳「如封似閉」定勢為左實右虛步，雙掌前推，高與胸齊。

陳式太極拳之「六封四閉」中，一種觀點認為是要在行拳中有六成封四成閉之意。還有一種觀點認為，「六封」為封住對方肩、手、肘、胯、膝、足六個部位的進攻，「四閉」既指封閉對方的四肢，又指我方的「四門緊閉」。定勢時勁起於丹田，纏於兩臂，貫於兩手。定式時右腳實左腳虛，兩手掌心向外下按。

趙堡太極拳「如封似閉」的外形動作與陳式「六封四閉」相近，但左右腿多了一個虛實的變化。定勢時雙手掌心向外，左掌略低於右掌，左腳為實，右腳尖點地為虛。其拳訣曰：「如封似閉退為攻，即化即打敵全空，水漲船

李式太極拳「如封似閉」　周世勤演示

高仔細研，前進後退隨人動。」

其他一些流派中也有「如封似閉」動作，外形上有所不同。如李式太極拳的「如封似閉」，即為擰身交叉步，掌心向外。

「如封似閉」詩曰：

不封不閉不染塵，乃封乃閉虛實生。
身應六合曲中找，掌分八面運乾坤。

# 十四、十字手

「十字手」是太極拳中一個比較簡單但又十分重要的動作，具有調節、養氣、過渡的作用。它沒有太多變化，但又蘊含了豐富的變化。兩手交叉胸前，如斜十字狀，故名。在楊式、吳式、趙堡太極拳中都有「十字手」拳勢。武式、孫式太極拳沒有獨立的「十字手」，但「十字手」與「擺蓮腿」相連，稱為「十字擺蓮」。陳式太極拳也沒

楊式太極拳「十字手」
楊振鐸演示

吳式太極拳「十字手」
吳鑒泉演示

孫式太極拳「十字擺蓮」
孫祿堂演示

有獨立的「十字手」拳勢，但在「披身捶」中有「十字手」動作，雙腿為馬步。

楊式太極拳「十字手」：掌心向內，抱於胸前，平行並步站立。楊澄甫解說「十字手」練法與用法：「兩手由上分開，復從下相合，結成一十字形。全身坐在左腳，右腳即提起，向左收回半步，兩腳直踏，如起勢，此一閉一合勁也。際我用開勁分敵之手時，正恐敵先乘虛由我胸部襲擊，故我即結兩手成一合勁，其時手心朝裏，將敵之臂掤住，如敵變雙手來按，我即用雙手將敵手由內往左右分開，手心朝上，或向下均可。惟結成十字手時，同時腰膝稍鬆，往下一沉，則敵所向之力，即自散失不整矣。」

陳式太極拳披身捶中的「十字手」動作，兩手有向外的掤勁　李經梧演示

吳式太極拳「十字手」：掌心向外，抱於胸前，平行並步站立。其拳訣曰：「分手合掌十字手，前摟後打折疊勁，往復折疊要靈活，全憑機警顯機能；能曉折疊之奧妙，始能敗中來取勝。」

趙堡太極拳「十字手」：左右手抱合於腹前，左手在上，掌心向下，右手在下，掌心向上。兩腿為內八字蹲步。

### 「十字手」詩曰：

十字取中意飽滿，八方變幻勢無端。
往復吞吐無凹陷，隨處曲折隨處圓。

# 十五、肘底捶

此勢因動作形態取名。定勢時右手為拳，置於左臂肘下，故名。名稱上大同小異，陳式太極拳稱為「肘底捶」，楊式、吳式、武式、和式太極拳均稱為「肘底看捶」，孫式太極拳稱為「肘下看捶」。為護中之法，拳掌交錯、明暗相映、上下相合。有拳訣云：「明掌暗拳相交叉，恰似葉底下藏花。左右逢源拳下加，扣腕搓臂施擒拿。」是「太極五捶」之一。

各式太極拳此勢步法有所異同。都是重心在右腿，楊式、吳式是右腳在後、左腳在前、腳跟著地的虛步，陳式、武式太極是左腳在右腳旁點地的虛步，孫式太極拳是左腳在右腳前、腳尖點地的虛步。

楊式太極拳「肘底看捶」
崔秀辰演示

練習此勢要細心體會上下的虛實呼應關係。左右手一為掌，一為拳，一虛一實；左右腿，或前或後，或左或右，一虛一實。氣貼脊

吳式太極拳「肘底看捶」
吳鑒泉演示

陳式太極拳「肘底捶」
陳正雷演示

背，意在中軸。

此勢寓攻於守，「看」，有藏勢、待機而動之意。《太極拳體用全訣》論述道：「畫圈抹轉化敵攻，掤托纏黏斷其根；拳藏肘底伺機勢，乘隙一捶定乾坤。」說明了肘底看捶的行拳過程與作用。

楊澄甫解其曰：「左腳直向正面踏實，右腳即偏向右前，踏出半步，坐實時，則左腳提起，腳尖翹起，兩手平肩，同時隨身向左轉，此時即用左手腕外平接敵人右手腕，向右推開，至其失卻中定時，即將左手指下垂，緣彼腕間，向內纏繞一小圈，右手同時向左，與其左手相接，自上黏合，則彼之左右手都處背境，而失其所向。我即將左腕，抑其右腕，右手急握拳，轉至左肘底，虎口朝上，以蓄其勢，向機而發，未有不應聲而倒。此之謂肘底看捶

武式太極拳「肘底看捶」
翟維傳演示

孫式太極拳「肘下看捶」
孫祿堂演示

也。」

吳式太極拳「肘底看捶」要領：左膝要自然微弓，兩肩不可上聳，鬆腰胯。兩臂呈弧形，不可挺直。特別強調胸部不要正對前方，要側朝右斜前方。左手手型與楊式有所不同，為拳。左手要坐腕。其拳訣曰：「肘底看捶挒勁，離心作用顯神奇；身形進退有呼吸，作用完全是腿勁；左腿退出有彈力，發勁完整要一氣。」

陳式太極拳「肘底捶」接「三換掌」後，雙臂大幅度纏絲轉動，左手向左下，右手向右上分別展開，又合於體前，身體微右轉。開合之中，以腰運轉帶動。楊式太極拳「肘底看捶」為左手從內向外、向前穿掌沉肘。陳式太極拳「肘底捶」左手為從外向內、向前合掌沉肘。

武式太極拳「肘底看捶」為左虛步，左手為立掌，右

和式太極拳「肘底看捶」　和有祿演示

拳置於左肘下。

孫式太極拳為「肘下看捶」，左虛步，左手為掌，向前平伸，掌指向前，右手為拳，置於左肘下。

孫祿堂解析此勢練習要領為：「將左手仍用掌往前極力用意伸住，腹內亦用神氣貫注，身子不可有一毫俯仰之形。隨後將右手握上拳，胳膊如同藤子棍屈回，靠著肋，拳從臍處往前左肘伸去。右足於右手伸時，同時往前邁步，至左足裏邊當中落下，足尖落地，兩足相離半寸許。兩手同時往前伸住，兩肩與兩胯裏根亦用意往回縮住。伸縮總要一氣。似停而未停之時，即將右足往回撤，足尖著地，左足隨後亦往回撤，撤至右足前邊落下，兩手仍伸住，不可移動。」

四十二式「肘底看捶」　邱慧芳演示

和式太極拳為「肘底看捶」，也稱「肘底藏拳」。左虛步，兩手為拳，左拳直立，右拳置於左肘下，拳眼向上。要求左拳、左肘、右拳、左膝上下成一線。勁成螺旋，支撐八面。其拳訣曰：「肘底藏拳護中峰，迎面捶來敵撲空。靈動寓變陰陽理，上下相合混元功。敵進胯旋右捶擊，正隅變轉太極理。莫道一捶一肘用，混圓緊湊顯內功。」

綜合太極拳套路「四十二式太極拳」中也有「肘底看捶」動作。

## 「肘底捶」詩曰：

捶在肘下不須看，全身通透心智現。
掌拳由來隨人走，明暗只在機勢變。

# 十六、閃通背

陳式太極拳、和式太極拳中均稱「閃通背」，楊式、吳式太極拳中稱「扇通背」，武式太極拳中稱「三通背」或「三甬背」、「三湧背」，孫式太極拳中稱「三通背」。還有套路中稱為「山通背」。各流派的拳家認為，「閃通背」比喻動作的勢，快、驚；「扇通背」比喻動作之形，開展、通達；「三通背」比喻該拳勢有多重勁法；「三湧背」比喻動作內勁環環相生，不斷湧動。「通背」，一說是此勢鍛鍊內功上著重通任督二脈，任脈在前胸，督脈在後背。

陳式太極拳「閃通背」
陳正雷演示

其基本動作是弓步，雙掌弧形推出，不同流派雙掌推出的角度、高度、相互的位置關係有所不同，下盤的步型、步法也有所不同。

楊式太極拳「扇通背」
趙幼斌演示

吳式太極拳「扇通背」
吳鑒泉演示

陳式太極拳「閃通背」有一個快速旋身動作，身體方向變化180°，隨旋身弧形旋動兩臂，左掌掄劈推出，右掌下按於右胯旁。旋身後右腳蹬地震腳，配合手的掄擊。陳式太極拳「閃通背」與其他流派一個顯著的不同就是其身體方向變化較大。這也是陳式太極拳中一個難度比較大的動作。動作中旋身、震腳、掄推要協調一致，對通脊背有很好的鍛鍊效果。

楊式太極拳「扇通背」定勢為左弓步，右手上架，左掌前推。楊澄甫解析其練法與用法：「設敵人又用右手來擊，我急將右手由前往上提起，至右額角旁，隨將手心向外翻，以托敵右手之勁，左手同時提至胸前，用手掌慟開，直勁向敵肋部慟去，沉肩墜肘，坐腕，鬆腰，左腳同時向前踏出，屈膝坐實，腳尖朝前，眼神隨左手前看，右

武式太極拳「三通背」
翟維傳演示

孫式太極拳「三通背」
霍培林演示

腿隨腰胯伸勁送去，其勁正由背發，兩臂展開，欲扇通其背，則所向無敵矣。」

吳式太極拳「扇通背」定勢時下盤與楊式太極拳不同，為馬步。左臂伸開，左掌為立掌，掌心向外。右臂彎曲，手掌收至右額旁，掌心向外。目視左手手背。其拳訣曰：「左手撐掌右開弓，好似箭矢

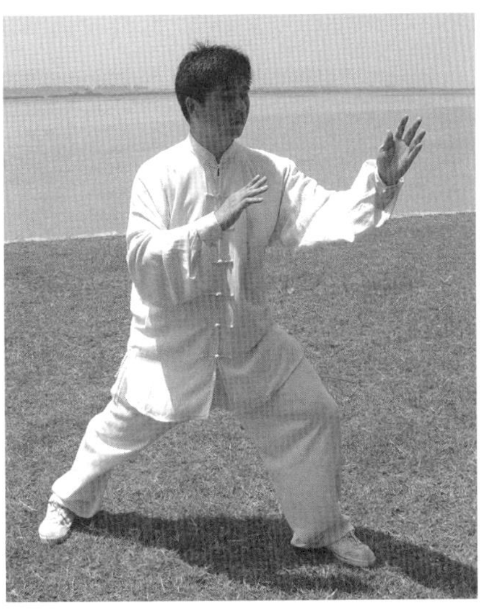

和式太極拳「閃通背」
和有祿演示

脫弦出。若能知曉呼而吸，此勢能使氣沖天。開弓圓滿氣貼背，立身中正始不差。」

武式太極拳「三通背」定勢乃雙掌前按，腳下右實左虛，目視前方，勁意放遠。前按兩手有內動之感。

競賽太極拳套路「閃通背」
邱慧芳演示

孫式太極拳「三通背」步型類似形意拳「三體式」，中心在後腿，一手在上架於前額處，掌心向上，一手前推，掌心朝前，目視前方。分左右式對稱練習。

和式太極拳「閃通背」有「往返挪步」的過程，由左弓步，到右弓步，再左虛步，步隨身換，雙手在體前弧形畫動，氣沉襠圓。

競賽太極拳套路的「閃通背」從名稱和動作要領上依據傳統楊式太極拳而來。

### 「閃通背」詩曰：

一環湧來一環生，三環套過月不驚。
通勁通氣通天地，掌臂為弧足為根。

# 十七、懶紮衣

「懶紮衣」為陳式太極拳重要拳勢，在武式太極拳、孫式太極拳中，也有「懶紮衣」動作，但其練法與楊式太極拳的「攬雀尾」更為相近。

「懶紮衣」拳勢名稱最早出現在明代軍事家戚繼光《紀效新書》「拳經三十二式」中，其形態與後來陳式太極拳的同名拳勢有所差別。

陳式太極拳「懶紮衣」步型為右實左虛半馬步，立身中正，沉肩、墜肘、開襠、鬆胯，左腿挺而不直，虛腿腳尖要內扣，膝蓋要微屈成弧形。勁氣貫於指尖。「懶紮衣」拳訣曰：「世人不識攬插衣，左屈右伸藏玄機；伸中寓屈何人曉，屈中有伸識者稀。中氣上升於百會，四肢合扣氣歸心；襠開貴圓如劍閣，下體兩足定根基。」

孫式太極拳「懶紮衣」
孫劍雲演示

趙堡太極拳中稱為「懶擦衣」或「攬插衣」。練法與陳式太極拳相近。步型為右弓左蹬步，右手為掌，掌心向外，右手指與右腳尖上下相齊。左手為掌，掌心向內輕按左小腹，目光向前平視。其拳訣曰：「攬插衣對敵從容，左催右發顯奇功，腳腿胯腰一齊到，滾壓引化敵落空」。

陳式太極拳「懶紮衣」
李經梧演示

「懶紮衣」詩曰：

每臨戰事有靜氣，將軍從容懶紮衣。
中正沉著天下宗，不懼千軍萬人敵。

趙堡太極拳「懶紮衣」 王海洲演示

# 十八、斜飛勢

「斜飛勢」是楊式太極拳、吳式太極拳的重點動作，其形態向身體一側順展，狀如大鳥振翅欲飛，故名。

楊式太極拳「斜飛勢」基本形態為右弓步，身體充分展開，左掌下壓為採、按，右手臂斜向上伸展，虎口斜向上，含掤、挒勁。楊澄甫解析「斜飛勢」練法與用法：「如敵人自右側，向我上部打來，或用力壓我右臂腕，我乘勢往下沉合蓄勁，隨即將右手向右上角分展，用開勁斜擊，同時踏出右步，屈膝坐實，似成一斜飛勢，其用意亦須稱其勢也。」

楊式太極拳「斜飛勢」
牛春明演示

吳式太極拳「斜飛勢」身體跨度比楊式要大，兩手打開的角度也較大一些，目視方向也與楊式有所不同，楊式太極拳斜飛勢目視前手，吳式太極拳斜飛勢目視後手。吳式太極拳「斜飛勢」拳訣曰：「斜飛勢用肩，肩中還有背，一旦得機勢，轟然如搗椎。肩背可作

吳楊式太極拳「斜飛勢」
吳鑒泉演示

「斜飛勢」 李秉慈演示

連環打，內氣外勢合為一，雙手分為陰陽掌，發勁平衡乃不差。」

很多人容易把「斜飛勢」跟「野馬分鬃」混淆，雖然它們的外形動作很相似，但勁路是不同的。吳式太極名家李秉慈先生曾講解說，「斜飛勢」不同於「野馬分鬃」，從攻防上講，「野馬分鬃」是分、靠動作，「斜飛勢」是

**太極拳競賽套路中的「斜飛勢」**
**劉偉演示**

挑、穿、靠的動作，上步欺身挑襠分臂穿靠。

此勢練習架勢可高可低，形態優美。雖然名稱有「斜」，但勁力、重心依然平衡端正，不可歪傾。在當代編定的眾多太極拳推廣、綜合套路中，都把「斜飛勢」作為典型動作收入其中。

「斜飛勢」詩曰：

振翅飛天入雲霄，身心不羈眼自高。
前後上下相呼應，空間無限任逍遙。

# 十九、海底針

本勢為太極拳的俯身動作，也是楊式、吳式太極拳的經典拳勢。單掌虛步下插，如入海底，故名。要有「俯之則彌深」的深邃感，能下得深，並能起得高，所以上下動作的銜接練習非常重要。

基本要領為：後腳踏實，前腳虛點，俯身沉氣，右手展臂，以指下插，意在指前。下插時俯身不可過大，不可

楊式太極拳「海底針」　汪永泉演示

吳式太極拳「海底針」
吳鑒泉演示

和式太極拳「海底針」
和有祿演示

低頭。

楊澄甫解析「海底針」的練法和用法：「設敵人用右手牽住我右腕，我即屈右肘坐右腳，轉腰提回，手心向左，腳亦隨之收回，腳尖點地。如敵仍未撤手，更欲乘勢襲我，我即將右腕順勢鬆動，折腰往下一沉，眼神前看，指尖下垂，其意如採海底之針。此時雖欲採欲戰，皆往復成一直力，不意為我一挫，則其根力自斷，便可乘虛進擊也。」

楊式、吳式「海底針」步型上都是右腿實左腿虛，但楊式太極「海底針」步伐稍大一些，左右腳前後距離比吳式要長。手型上都是右掌下插，但楊式太極拳右掌向前方斜下插，吳式太極拳右掌更靠近身體一些。左掌位置也有所不同，楊式太極拳左掌按於左膝旁，吳式太極拳左掌則

陳式太極拳「擊地捶」 李經梧演示

在右臂旁左膝上方。

吳式太極拳「海底針」拳訣曰：「海底針來是穿掌，必要之時取下陰。沉肩墜肘掌下穿，兩手相錯拿闟凶。此種用法是借力，因敵所適而取之。對方力大我沉腕，不是力敵是智取。」

孫式太極拳「踐步打捶」
李斌演示

和式太極拳中也有「海底針」一勢。動作中有開合以及左右旋轉。定勢時左手為鉤，向後點擊，右手為掌向前弧形擊出。要求「手護身進步輕靈，渾圓一體自然

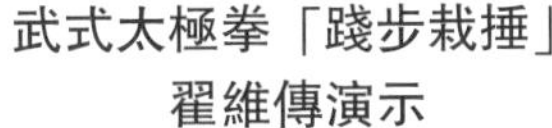

武式太極拳「踐步栽捶」
翟維傳演示

簡化太極拳中的「海底針」
邱慧芳演示

勁」。

陳式、武式、孫式太極拳中沒有「海底針」一勢，但陳式太極拳中的「擊地捶」，武式、孫式太極拳中的「踐步栽捶」「踐步打捶」，均與之有異曲同工之妙，不同之處是「擊地捶」「踐步打捶」等都是以拳向下擊出。

簡化24式太極拳中也有「海底針」動作。基本與楊式要領相同。

「海底針」詩曰：

上取下打力不拙，下取上打勁氣合。
深不可測海無際，俯仰之間有定奪。

# 二十、抱虎歸山

「抱虎歸山」亦有稱為「豹虎歸山」「豹虎推山」等，其中雙掌外推為核心動作。楊式、吳式太極拳都稱為「抱虎歸山」，陳式太極拳、趙堡太極拳中有「抱頭推山」，武式、孫式太極拳中有「抱虎推山」，均為類似動作。

楊式太極拳的「抱虎歸山」勢由右摟膝拗步、捋、擠、按組成，包含了進退開合等動作，定勢時雙手推出。

楊式太極拳「抱虎歸山」
張勇濤演示

楊澄甫解析「抱虎歸山」練法與用法：「設敵人向我右側，後身迫近擊來，未遑辨別其用手或用腳時，急轉腰分開兩手，踏出右步，屈膝坐實，左腿伸直，右手隨腰向右方敵人腰間摟去，復抱回，左手亦急隨之往前按，故右手先用覆腕摟去，旋用仰掌收回，如作抱虎式。倘敵人手腳甚快，未

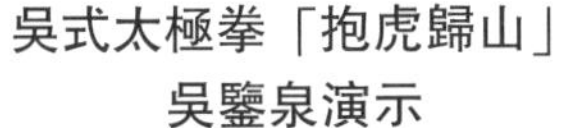

吳式太極拳「抱虎歸山」
吳鑒泉演示

陳式太極拳「抱頭推山」
李經悟演示

能為我抱住，但僅為我摟開，或按出，則彼復換左手擊來，我即用捋勢捋回，故下附攬雀尾三式：捋、擠、按。」

吳式太極拳「抱虎歸山」為左、右摟膝動作，身體方向變化了180°。接在「抱虎歸山」後另有一個「攬雀尾」動作，包含了掤、捋、擠、按練法。

陳式太極拳「抱頭推山」，兩掌先合蓄於頭的兩側，進而放開大步，雙手向前按，由脊背發勁。行拳過程中有轉身動作。

陳式太極拳家陳鑫解析此勢的用法：「有人從我背後襲來，來勢既猛，用意不善，我必須轉身應敵。轉身時為防擊面部，故須抱頭。轉身後對強敵不應軟弱，縱使他是座山，也應以全力將他推倒。」

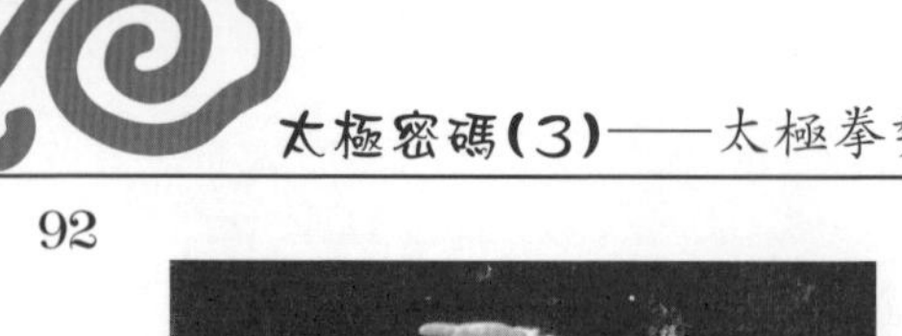

趙堡太極拳「抱頭歸山」
王海洲演示

武式太極拳「抱虎推山」
喬松茂演示

陳鑫有「抱頭推山」拳訣曰：「推山何必上抱頭，唯有劈頂據上游。轉身抱首往前進，推倒蓬瀛蓋九州。」

趙堡太極拳有「抱頭推山」一勢，先是右弓步，兩手上下分開，然後變換重心，呈弓蹬步，同時雙手弧形收回後再分別按、推出。其拳訣曰：「沉腰活胯身圓轉，左右反背採挒彈。以臂拿臂解還打，對方仆跌如塌山。」

武式太極拳「抱虎推山」重在「推」字，提右腳，向右後方擰轉180°，右腳插向左腳跟左後方。重心向前移動到右腿上，呈右弓步，左掌向前推，掌心朝前，五指朝上，目視前方。

孫式太極拳「抱虎推山」重心在右腿，為左虛步，雙手掌心朝外，向前推。

孫祿堂闡述其要領為：「兩胳膊似曲非曲，似直非

孫式太極拳「抱虎推山」　孫祿堂演示

直，兩眼看兩手當中，停住。左足與兩手往前推時，同時極力往前邁步，右足亦隨後緊跟步。」「腰要塌住勁，又要鬆開勁。」

「抱虎歸山」詩曰：

抱虎踏青入山林，日月為伴雀為鄰。
掤捋擠按自然起，倏然一片歌入雲。

# 二十一、撇身捶

「撇身捶」多與轉體動作相連接，有時也作「轉身撇身捶」「翻身撇身捶」。該式在撇身之後以拳進擊，故名。

「撇身捶」基本要領為：以腰為轉折，以身帶臂由內而外，橫勁作圓，步分虛實，配合捶法身法上有閃化之勢，形成空中立體的弧形運作，在轉換勁力路線、變被動為主動中有突出作用。

吳式太極拳「撇身捶」　楊禹廷演示

楊式太極拳「撇身捶」
楊振鐸演示

陳式太極拳「撇身捶」
田秋信演示

「撇身捶」的關鍵，在捶法的使用上既有出其不意之功，又有勁路的變化莫測之效。《太極拳體用全訣》說：「撇身捶掌連環劈，掌撲頭面捶撇脅。弓步如箭勁透脊，側身擊敵如霹靂。」

傳統楊式、吳式太極拳套路中均有「撇身捶」和「翻身撇身捶」的勢子。加「翻身」的勢子在前後動作連接上身體方向上有較大變化，其他要領基本一樣。

吳式太極拳「撇身捶」拳訣曰：「撇身捶來陰陽肘，肘裏藏捶示神奇。若能一中窩心炮，管他金剛也會倒。退步上步為一體，運用全憑順勢取。粘黏連隨不丟頂，任你進退自由行。」

楊澄甫解析「撇身捶」練法與用法：「設敵人自身後

脊背或脅間用手打來，我即將左足向右偏移轉坐實，右足變虛，腰隨轉向正面，右手同時即握拳，暫於左脅腋間一駐，左手心朝上合護左額角，即時右拳由上圓轉撇去，交敵之手由右脅側間用沉勁疊住，同時左手由左側急向敵人面部擊去，則敵必眼花失措矣。」

陳式太極拳二路中有「撇身捶」動作，為雙拳撇擊之勢。左拳在前，以挒勁擊出，右拳在後，以逆纏相應。發勁以左方為主，右拳為輔。其拳訣曰：「撇身捶，勁落根，宛如青蛇擺動身。身軀順提順採式，再次左旋逆常拼。」

武式、孫式太極拳中無「撇身捶」勢子。

**「撇身捶」詩曰：**

腰為軸心臂為輪，拳掌交錯身法靈。
翻轉側閃鴛鴦步，直劈橫撇奇正生。

# 二十二、雲　手

「雲手」是太極拳中最為典型、也是十分突出彰顯太極拳特點的一個拳勢。幾乎所有的太極拳流派中都有這個拳勢或者與之近似的練法。有的拳家甚至強調，如果太極拳只練一勢，當練「雲手」，可見其在太極拳功技體系中的重要地位。此勢練習時雙手在體前弧形交叉圓轉運行，其身形回旋均勻運動，手臂環形運轉，連綿不斷，如行雲

楊式太極拳「雲手」 楊振鐸演示

輕盈流暢，又如撥雲見日，輕靈、舒展、飄灑如雲，故名。陳式太極拳中「雲手」在傳統套路中也有稱「運手」。

「雲手」基本要領為：以腰為軸，配合腿腳，上下協調一致地旋轉身體，帶動手臂的空間運畫，行步過程中身體應保持中正，不可歪斜。要防止只動手臂不動身體的錯誤要領。

楊澄甫強調「此式之妙用，全在轉腰胯」，他解析其練法與用法為：「設敵人自前右側用右手擊我胸部或脅部，我即將右手落下，手心向裏，即以我之腕上側與敵之腕下相接，由左而上，往右旋轉，復翻下向左行，畫一大圓圈，如雲行空綿綿不絕，左手同隨落下，手心向下，隨往下向上翻出，與右手用意同。身亦隨右手拗轉，眼神亦

吳式太極拳「雲手」 王培生演示

陳式太極拳「運手」
馮志強演示

武式太極拳「紜手」
翟維傳演示

隨手腕看去，旋轉照應右足往右側往左移動半步坐實，左足亦即向左踏出一步，成一騎馬式。此時而手上下正行至胸臍相對，則右腳又變虛，向左移入半步，則續行為第二式。惟變化虛實交互旋轉時，萬不可露有凸凹斷續之意，然後可以牽動敵之根力，應手翻出。」

吳式太極拳「雲手」勢子要求上身保持正直，重心側向時，手至側面，臂伸而腿屈。手至正中時腿伸而臂屈。重心向左右移動時，手微向上轉動。

其拳訣曰：「雲手只是手連環，陰掌陽掌左右翻。進退開合虛實掌，八法圈轉一俱全。不論正面與反面，前襠後臀兩面兼。左右兩腋隨意用，粘黏連隨運用完。採挒肘靠隨機便，無拘無束任你反。」

陳式太極拳「運手」要求以腰為軸，兩手在體前左右

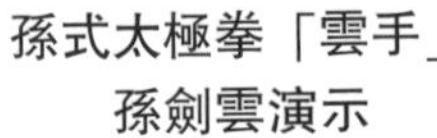

孫式太極拳「雲手」
孫劍雲演示

趙堡太極拳「雲手」
趙增福演示

弧形畫圓，同時兩腳交叉插步側向移動。兩手運轉要求上不過眉，下不過臍，手隨身轉。神意上左顧右盼。有拳訣曰：「雲手一式氣勢大，遇敵百十不用怕。合二開二交叉步，左右來敵奈吾何。」

武式太極拳中「雲手」也作「紜手」，意為手法豐富，紛紜有序。要求在練習此勢時以脊柱為軸，身體左旋右轉，帶動兩臂各自向其相反的方向畫一個360°圓弧。兩腿的前進和重心的轉移要同時運作，同時到位。要保持身法平穩，兩掌相互照應。

孫式太極拳「雲手」的最大特色，是其在行拳中始終掌心朝外，這與其他流派的掌心不斷翻轉有所不同。要求在運掌中高不過眉，身隨手轉。

孫祿堂解析其要點為：「兩手如同兩個套環圈相似，

趙堡太極拳「雲手」　王海洲演示

傳統楊式小架套路中的「右雲手」路迪民演示

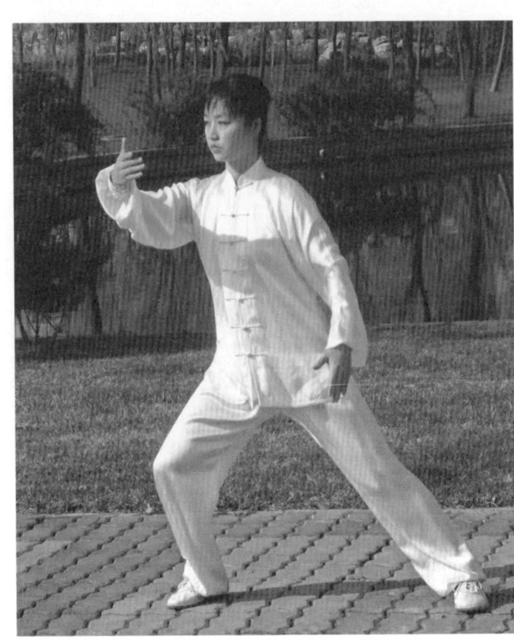

簡化太極拳中的「雲手」 邱慧芳演示

循環不已。腰要極力塌住勁，身子微有向下坐之形勢。外形雖然搖動，而腹內之鬆空，及神氣注於丹田。」

趙堡太極拳做「雲手」時，左右側弓步互換，而伸直腿的腳尖要內扣，兩手從身體中線位置向兩側畫弧。

其拳訣曰：「雲手運行如兩輪，兩輪全在一環中。中軸隨腰任意變，任你水潑也難進。」

在各類太極拳傳統套路、簡化和流行套路中，「雲手」都是一個必然的入選動作。

**「雲手」詩曰：**

萬里澄空雲為手，循環無跡舒廣袖。
圈中套圈何須有，法到無時拳自修。

# 二十三、分 腳

「分腳」與「蹬腳」為同一類拳勢，主要練習平衡能力、勁貫能力、突襲能力等。主要區別在於「蹬腳」力點在腳跟，「分腳」力點在腳尖。

「分腳」又分「左分腳」和「右分腳」。以腳向左右分踢，故名。「右分腳」為右足抬起，「左分腳」為左足抬起。基本要領為：單腿獨立，兩臂外張，兩掌外分。一腳緩緩提起，並以腳尖為力點向外踢擊。立身要穩，避免搖晃。立地腳五趾微抓地。

楊式、吳式太極拳中均有「左、右分腳」，形態相似。主要區別外形上有兩點：

一是抱臂前的動作不同，吳式太極拳身體旋動的方向較大。

二是分腳時雙手掌心的方向不同，楊

**楊式太極拳「右分腳」**
**崔毅士演示**

楊式太極拳「左分腳」
張勇濤演示

楊班侯小架「右起腳」
路迪民演示

式分腳時掌心向外，吳式分腳時掌心向內。

楊澄甫解析「右分腳」要領：「左腳向前左側邁去半步，坐實，腰向左斜倚，隨將右腳提起，腳尖與腳背平直向敵人左脅踢去，同時兩手掌側立，向左右平肩分開，以稱分腳之勢。眼亦隨右手看去，含胸拔背，定力自足。」「左分腳」與之對稱。

吳式太極拳「右分腳」
吳鑒泉演示

吳式太極拳「左分腳」　楊禹廷演示

吳式太極拳「分腳」口訣：「左右分腳意相同，提起左腿向左分。重心在腳立身穩，右腳支點要牢固。兩臂舒展是力偶，目的平衡維重心。轉身蹬腳亦如是，重心不過在腳跟。」

武式太極拳中稱為「踢一腳」「左起腳」「右起腳」，練法與「分腳」近似。手掌是

武式太極拳「左起腳」
胡鳳鳴演示

下劈，不同於楊式的外推。不追求腳的高度。

孫式太極拳中也稱為「右起腳」「左起腳」，動作形態大體相似，所不同的是，左、右腳抬起後，腳尖向上分別與同側手相觸。

孫式太極拳「右起腳」 孫劍雲演示

太極拳競賽套路中的「分腳」 陳思坦演示

簡化太極拳套路中的「分腳」　夏柏華演示

「分腳」也是太極拳競賽套路中常用的動作，能充分展現運動員的平衡能力和綜合身體素質。

「分腳」詩曰：

分腳分手不分心，抬腿不飄有中定。
勁在腳尖形不破，神意內含固腳跟。

# 二十四、高探馬

「高探馬」為高架虛步，一手回收，一手前探，狀如進身跨馬，故名。

基本要領為：一腳踏實站立，一腳前探虛點，一手在下回收，一手在上探出。須縮步聳身，目視前方。在技擊中以退為進，以上手化拿其來拳，繼之以後掌搓擊其面部。一方面要長視遠展，另一方面要坐身沉氣，於飛動中含穩定從容。

陳式太極拳「高探馬」
田秋信演示

陳式太極拳「高探馬」
田秋茂演示

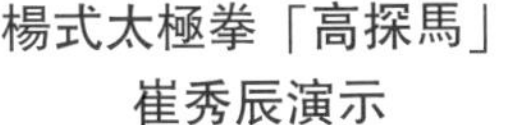

楊式太極拳「高探馬」
崔秀辰演示

楊式太極拳「高探馬」
楊振鐸演示

陳式太極拳「高探馬」：右腿實、左腿虛，左腳尖在右腳旁虛點地，左手掌心向上，屈臂回收於左腰旁，右手掌心向前下、向外推出。隨推掌有轉腰擰身動作，左腳回撤與推掌一致。此勢開中有合，身體有螺旋之勁勢。

楊式太極拳「高探馬」由「單鞭」變化而來，由開而合。兩臂要保持弧形，右掌前探時手臂不可太直，手指略有橫向，不可直接朝前。

楊澄甫解析此勢練法、用法：「設敵用左手自我左腕下繞過，往右挑撥，我隨將左手腕略鬆勁，手心朝上，將敵腕疊住，往懷內採回。左腳同時提回，腳尖著地，鬆腰含胸，右膝稍屈坐實，同時急將右手由後而上圓轉向前，往敵人面部用掌採去。眼前看，脊背略聳，有探拔前進之意。」

楊式太極拳「高探馬穿掌」 楊振鐸演示

吳式太極拳「高探馬」 吳鑑泉演示

吳式太極拳「撲面掌」 李秉慈演示

在傳統楊式太極拳有的套路連接中，高探馬後接一個穿掌動作，合稱「高探馬帶穿掌」。

吳式太極拳「高探馬」也是右實左虛步，右手在上，

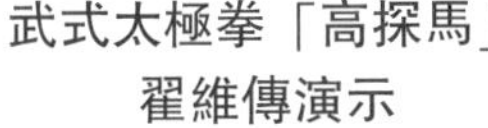

武式太極拳「高探馬」
翟維傳演示

武式太極拳「迎面掌」
吳文翰演示

左手在下。吳鑒泉先生示範的「高探馬」，左掌掌心向上橫於體前，右手置於左腕右上方，為立掌。吳式太極拳「高探馬」拳訣曰：「左右高探陰陽錯，兩手一似相搓摩；虛實兩用方為準，拿到關節即是用。」

傳統吳式太極拳套路在「高探馬」後接有一勢「撲面掌」或稱「迎面掌」，其練法上與高探馬有相似之處，左掌在前。在早期的一些套路中，「撲面掌」與高探馬是合為一勢的，左右補充練習。

武式太極拳的某些傳統套路中，不僅有「高探馬」，還有「左高探馬、右高探馬」勢子，動作對稱。

武式太極拳套路中也有「左迎面掌」「右迎面掌」式，與吳式太極拳「撲面掌」動作外形有相似之處。

孫式太極拳「高探馬」手的位置相對低一些。兩手先

孫式太極拳「高探馬」　孫祿堂演示

左右展開，再上下展開。孫祿堂說明其要點：「兩手如同抱一大圓球相似。兩手心上下相離三四寸許。」

「高探馬」詩曰：

探拿環錯迎面取，高低應變實中虛。
前後把握圓中走，進退由來拳相知。

# 二十五、擦　腳

「擦腳」是手、腳相擊的動作。在太極拳中有一類這種動作，在每個流派套路中表現形式有所不同。如陳式太極拳中的「旋風腳」「左擦腳」「右擦腳」「翻身二起腳」「十字擺蓮」，楊式太極拳中的「拍腳」，吳式太極拳的「十字擺蓮」，均為單手拍腳動作。

擦腳、拍腳一般腳抬起高於腰部。要求身形要站穩，不可傾斜。以手觸腳時要輕快、俐落。一些體弱或者年歲較大的人練習時也不用一定要拍上，意到即可。

陳式太極拳的左右「擦腳」都伴隨著身體的大幅度轉動，手臂有開合動作，是由兩手的合勁將腿提起，重心的變化要自然順暢。「旋風腳」為一腿直立，另一腿凌空橫掃。與「擦腳」相比轉身幅度更大，速度更快，以手擊腳的面積、力度都

陳式太極拳「左擦腳」
田秋茂演示

陳式太極拳「旋風腳」
馬虹演示

陳式太極拳「十字擺蓮」
田秋茂演示

更大。站立的腿不可過於彎曲。

陳式太極拳中的「十字擺蓮」，也稱為「單擺蓮」，為左手單擊右腳面動作。

陳式太極拳中還有「翻身二起腳」拳勢，騰身躍起後，在空中以右手拍擊右腳面。

楊式太極拳的「拍腳」動作是以手掌心向下正面拍擊腳面。傳統楊式

陳式太極拳「轉身二起腳」
陳正雷演示

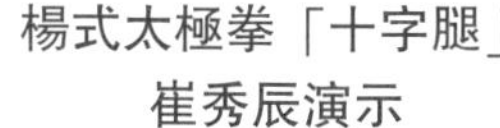

楊式太極拳「十字腿」
崔秀辰演示

吳式太極拳「單擺蓮」
吳鑒泉演示

太極拳套路中的「十字腿」也是拍腳動作。

吳式太極拳中的「十字擺蓮」也為單手拍腳動作。左腿獨立，左手自上而下從右方掠拍右腳面。

趙堡太極拳中也有「轉身拍腳」的動作。

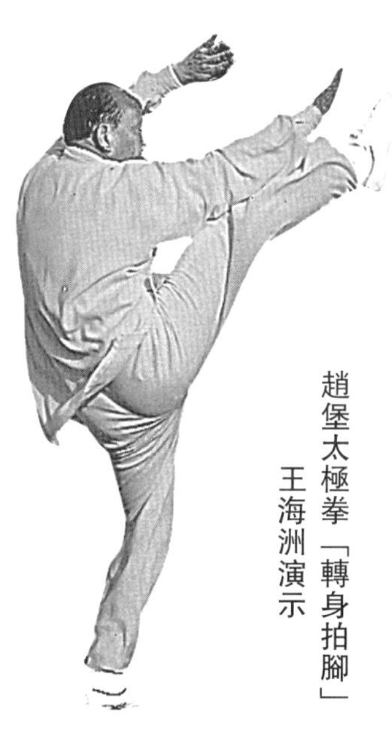

趙堡太極拳「轉身拍腳」
王海洲演示

在現代的太極拳推廣套路和競賽套路中多編排有拍腳的動作，以提高身體綜合的鍛鍊效果。

此外，太極拳中還有雙

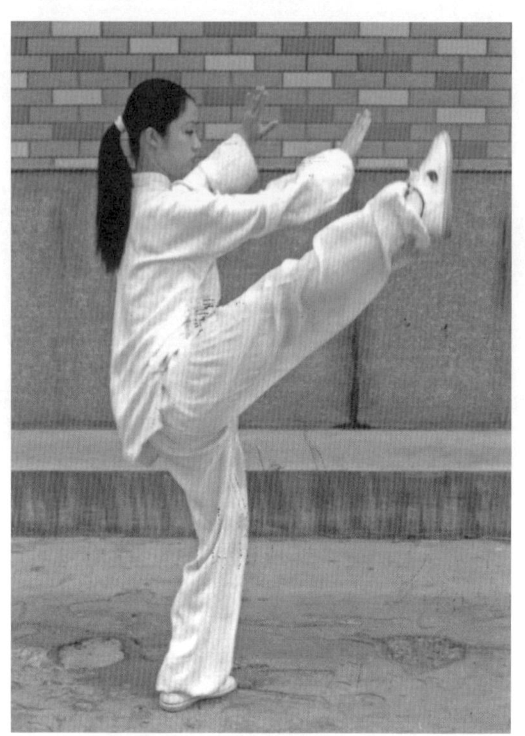

42式競賽太極拳套路中的「轉身拍腳」
邱慧芳演示

手拍腳動作，一般與轉身相連接，稱為「轉身雙擺蓮」等，也屬於拍腳這一大類。

「擦腳」詩曰：

旋體擦腳勢不窮，上下引動勁氣生。
收放自如裏剛柔，手足一體乃見功。

# 二十六、擺蓮腿

「擺蓮腿」即為單腿擺起，腳在空中擺掃，並配合雙手的迎合、拍擊。「擺蓮」形容腿抬起在空中弧形擺動，配合身體的轉動，如同蓮花盛開，形態優美。

陳式太極拳中有「轉身雙擺蓮」，楊式太極拳中有「轉身擺蓮」，吳式太極拳中有「轉身雙擺蓮」，武式太極拳中有「轉身十字擺蓮」「轉腳擺蓮」，孫式太極拳中有「十字擺蓮」「轉角擺蓮」，趙堡太極拳中有「擺蓮腿」等。

陳式太極拳「轉身雙擺蓮」
陳正雷演示

這些擺蓮動作的基本要領為：

第一，單腿站立，要穩定，並具有旋轉支撐性；

第二，轉身動作要輕靈、流暢，不澀、不滯，在旋轉中完成勁力的送達；

第三，拍腳與擺腿、轉身協調一致，同

楊式太極拳「轉身雙擺蓮」　崔秀辰演示

時到位；

第四，手、腳相擊要輕快，不要造成勁點的斷掉；

第五，拍腳完成後的收轉動作要穩定、自然，不可東倒西歪。

陳式一路中「轉身雙擺蓮」為套路最後幾個動作之一，左、右掌先後迎拍右腳面，為收勢前的一個小高潮，總收全套。

楊式太極拳「轉身擺蓮」：左腿支撐，腰自左向右轉，右腳自左向右上方弧形外擺，膝部自然微屈，腳背略側向右面，兩掌自左向右迎拍右腳面。要求以轉腰帶動右腿的外擺，右腿不可過於伸直。楊澄甫闡述其中要點：「用橫勁踢去，腳過似疾風擺蕩蓮葉，所謂柔腰百折若無骨，撒去滿身都是手。」

吳式太極拳「轉身雙擺蓮」　劉偉演示

吳式太極拳「轉身雙擺蓮」要求左腿獨立，右腳從左向右橫踢，兩手自上而下向左方拍右腳，左手先拍，右手後拍，一次掠過腳背。身體方向不變，拍腳後右腳立即著地。

武式太極拳「轉腳擺蓮」
胡鳳鳴演示

其拳訣為：「轉身擺蓮腿，防敵背後襲。左腿是掤勁，反擊是為挒。發腿離心力，外旋度九十。兩掌須相輔，手腳乃合一。」

武式太極拳套路中的

孫式太極拳「轉腳擺蓮」
孫祿堂演示

趙堡太極拳「擺蓮腿」
王海洲演示

「轉身十字擺蓮」，雖名稱中有擺蓮之稱，但在有的練法中並沒有手拍腳的動作，而是雙手胸前交叉，右腿前提。其套路中的「轉腳擺蓮」為拍腳動作。左腿獨立，右腿提起，經左腿前向上向右橫擺，兩手以先左後右的順序從右上而下迎拍右腳面。右腳落下時先以腳跟著地。

孫式太極拳稱為「轉腳擺蓮」，也稱「轉角擺蓮」。左腿獨立，右腳尖翹起，向右扭轉，右足上提並向右擺出，雙手向上、向右畫弧至右前方時與右膝相擊，眼看右腿。拍擊完後，右腳向右斜方落下，雙手外旋回拉至兩肋側，手心均向上。

趙堡太極拳中的「擺蓮腿」亦為雙手拍擊右腳動作。其拳訣為：「轉身擺蓮步扣定，提掃橫腿最為精。平撩擺掃敵傾倒，雙掌撲擊神鬼驚。」

四十二式太極拳套路中的「轉身擺蓮」
邱慧芳演示

「四十二式太極拳競賽套路」中也有「轉身擺蓮」動作。

「擺蓮腿」詩曰：

轉身掃腿以腰帶，雙臂掄轉要輕快。
四肢相合勁氣生，疾風過後蓮花開。

# 二十七、金雞獨立

「金雞獨立」為太極拳中著名的單腿獨立練習勢。根據獨立腿的不同，又分為「左金雞獨立」和「右金雞獨立」。此式中單腿獨立，如金雞報曉，故名。

基本要領為：一腳全踏著地，腿微屈支撐。另一腿屈膝收起，腳尖朝下；一手立掌上提，另一手俯掌下按；目視前方。上撐與下按形成對應力。立身應平穩。

陳式太極拳「左金雞獨立」
陳正雷演示

陳式太極拳「右金雞獨立」
陳正雷演示

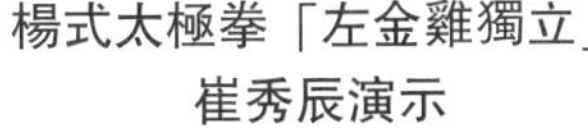

楊式太極拳「左金雞獨立」
崔秀辰演示

楊式太極拳「右金雞獨立」
趙幼斌演示

各流派「金雞獨立」勢相似度比較高，都是單腿支撐，兩手上下撐開，提起腿的同側手抬起上撐。

陳式太極拳「金雞獨立」：上舉手為橫掌，下手掌心向下按於胯部。提起腳的腳面繃平，腳尖盡力朝下。全身精神提振。

楊式太極拳「左金雞獨立」：右手弧形上舉，手指朝上，高度約與眉齊，掌心向左。右肘與右膝相對，目視前方。提起腳的腳尖自然垂下。「右金雞獨立」與之對稱。舉手勿聳肩，保持頭正身直，虛領頂勁，有頂天立地之感。

吳式太極拳「金雞獨立」：提起腿的腳尖為翹起，下手橫按於體前。上手掌心向外橫托於額前。膝高於胯。與楊式相比，更側重於環抱狀態，有「提腿遮襠護中央」的

吳式太極拳「左金雞獨立」
吳鑒泉演示

吳式太極拳「右金雞獨立」
吳鑒泉演示

意思。目光平視前方。

和式太極拳「金雞獨立」勢中，下手為鉤手，鉤尖向後。上手立掌，指尖向上。肘膝相對，腰脊中正。

武式太極拳中稱為「更雞獨立」，有一種特殊練法。其特別之處在於上舉的手為握拳，拳心向裏，高與額齊。抬起腿的腳尖向下。下手掌心向下按於胯旁。但也有許多拳家練習「金雞獨立」時上舉之手仍為掌。

和式太極拳「金雞獨立」
和有祿演示

武式太極拳「更雞獨立」
胡鳳鳴演示

武式太極拳「更雞獨立」
姚繼祖演示

孫式太極拳「左金雞獨立」：右手從右胯側向前、向上提起至耳側，指尖與耳同高。左手向下畫弧至左胯側，指尖向下。提起腿的腳尖向上翹起，腳跟下蹬。目視前方。

簡化二十四式太極拳中的「金雞獨立」勢根據楊式太極拳的練法編定。

孫式太極拳「金雞獨立」
孫祿堂演示

簡化太極拳「右金雞獨立」
陳思坦演示

簡化太極拳「左金雞獨立」
邱慧芳演示

「金雞獨立」詩曰：

獨立千秋氣軒昂，指天畫地守中央。
披文握武意與飛，虛實轉換即文章。

# 二十八、野馬分鬃

此勢為象形動作，又分「左野馬分鬃」和「右野馬分鬃」。有時合稱「左右野馬分鬃」。一般套路中均左右式對稱練習。雙臂上下分開，比喻為馬之分鬃，故名。

基本要領為：左右腳虛實相換，一手上展，一手下採。立身穩定，下手為黏敵之法，上手分挒敵身，使其拔根。

陳式太極拳的「野馬分鬃」中包含了靠法、採法、擠法、掤法等。有拳訣曰：「野馬分鬃穿襠靠，雙手開合步輕鬆。雙手擦地如風轉，留下古法世世傳。」

陳式太極拳「野馬分鬃」 王大勇演示

陳式太極拳「野馬分鬃」 劉鋼演示

楊式太極拳「野馬分鬃」 嚴德承演示

楊澄甫解析楊式太極拳「右野馬分鬃」練法與用法：「設敵人自右側用按式按來，我即將身向右轉，左足亦向右移動，右足腳跟鬆同，腳尖虛點地，隨用右手將敵左右

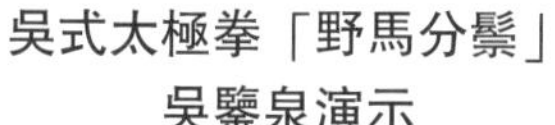

吳式太極拳「野馬分鬃」
吳鑒泉演示

武式太極拳「野馬分鬃」
翟維傳演示

腕黏住，略往左側一鬆，用左手捌其右手腕，同時急上右足，屈膝坐實，左足伸直，隨用右前臂向敵腋下分去，則其根力為我拔起，身即向後傾仰矣，此時左手亦須稍從後分開，用沉勁以稱右手之勢。」這裏所說左手「用沉勁以稱右手之勢」很重要，是以後勁助前勁，全身完整一氣、渾然一體之意。

吳式太極拳「野馬分鬃」為弓步，上手為仰掌，後手為俯掌，身體與目光均向側後方。其拳訣曰：「野馬分鬃勢純剛，氣勢合一乃得章。分手合掌左右轉，鬆肩舒背顯剛強。掌分左右採捌勁，左右轉換有虛實。八法純熟如意轉，上下平旋如機動。」

武式太極拳「右野馬分鬃」為右前弓步，右手向右側前方撩起，略高於肩，左手向左下捋帶至左胯前，目視前

孫式太極拳「野馬分鬃」 孫祿堂演示

方。「左野馬分鬃」對稱練習。

孫式太極拳「野馬分鬃」與其他各流派差異較大，步型緊湊，左腳實，右腳虛。雙手向左右分開畫圓至胸前，右手掌向上，左手掌心向下。眼看前下方。

趙堡太極拳「右野馬分鬃」步型為右弓步，右手由下向上方分出，掌心向左，高與眉齊，左手移至襠前，掌心向

趙堡太極拳「野馬分鬃」 趙增福演示

競賽太極拳套路中的「野馬分鬃」 陳思坦演示

內，掌指向下。「左野馬分鬃」動作對稱。

競賽太極拳套路中「野馬分鬃」也是一個重要的拳勢。

一些流派的套路中「野馬分鬃」與「斜飛勢」外形比較相近，但意態、勁路不同，應注意區別。

**「野馬分鬃」詩曰：**

神意暢遊和風行，斜陽青山處處景。
三千秋水隔不斷，天下何處不見君。

# 二十九、玉女穿梭

「玉女穿梭」又作「左右穿梭」。此式中身法左右變化方向較大，手法上下翻轉，如同過去的女子用梭織布的樣子，故名。

基本要領為：身步相隨，轉身時腰步一致，運行四正四隅方向，上臂含掤勁，下手蘊按、採、推等勁。演練起來要輕靈、敏捷，又不急不躁，身順、氣順。

楊式太極拳「玉女穿梭」
崔秀辰演示

楊式太極拳「玉女穿梭」
楊振鐸演示

**吳式太極拳「玉女穿梭」**
**吳圖南演示**

楊澄甫解析楊式太極拳「玉女穿梭」要點：「此式左右手相穿，忽隱忽現，捉摸不定，襲乘其虛，故曰玉女穿梭，以喻其勢之巧捷也。」上翻手臂時不要聳肩，下掌前推時不可僵直。目視兩掌中間。兩臂一橫一豎，構成立體攻防勁路。

吳式太極拳「玉女穿梭」下盤也為弓步，但兩手距離較楊式為近。在每個方向的轉換之間，手掌也進行了多次的俯仰變化。

其拳訣為：「玉女穿梭似織錦，支撐四面與八方。閃轉騰挪前後應，變換方位須靈活。左旋右打如投梭，右旋左打勢連環。身形扭轉要靈活，善變虛實乃為用。」

武式太極拳「玉女穿梭」外形與楊式、吳式變化不大，弓步上下推掌，上手橫托於額前，下手與之相齊立掌

吳式太極拳「玉女穿梭」
胡鳳鳴演示

孫式太極拳「玉女穿梭」
孫祿堂演示

推出。換勢時後腳有跟步。

孫式太極拳「玉女穿梭」開步不大，雙手與身體的距離也較其他流派要近。孫祿堂說：「胳膊靠著身子，手略往前推去，不必太遠。」

二十四式簡化太極拳、四十二式綜合太極拳中，「玉女穿梭」也是重點動作之一。

陳式太極拳「玉女穿

42式太極拳「玉女穿梭」
邱慧芳演示

陳式太極拳「玉女穿梭」 陳正雷演示

梭」與其他各式差別較為明顯。含有躍步動作，在躍步中手掌向前平推發勁，並配合轉身，雙臂有開合動作。共接連上三步，身體旋轉270°，手腳連環進擊，如同織布機上梭子來回穿行。此勢對身體的協調性要求較高。

「玉女穿梭」詩曰：

回旋起承見騰挪，八方隱現身步活。
滿眼無影玲瓏手，飛天玉女穿銀河。

# 三十、雙峰貫耳

有的套路中作「雙風貫耳」。此式以雙拳自兩側夾擊對方頭部，高與耳齊，其動如風，故名。「雙峰」代指雙拳。也有拳家認為，兩手握拳後，各指掌間的關節形成凸陷，一如起伏連綿的山峰，兩手如同兩座起伏的山峰，拳勢以此得名。

基本要領為：腿分前後弓步，雙拳由兩側自下而上，弧形兜擊對方頭部，目視兩手之間。雙臂間圓盈充沛，保持弧度。由足跟至雙拳應勁力順達。

楊式太極拳「雙峰貫耳」為右弓步，兩掌自身體兩側

楊式太極拳「雙峰貫耳」　崔毅士演示

吳式太極拳「雙峰貫耳」 吳鑒泉演示

向左右畫弧，隨畫隨著兩臂內旋，變拳向前上、向中間合擊，兩拳稍高於頭。兩拳向上的合擊與弓步完成相一致。

《太極拳體用全訣》說：「雙峰貫耳雙環捶，疊而後貫步要追。」

楊澄甫解析「雙峰貫耳」練法、用法：「設敵人自右側用雙手打來，我即將左腳尖稍向右移轉立定，右腳同時向右側旋轉，膝上提，腳尖垂下，身同時隨轉至左正隅角，速將兩手背由上往下，將敵人兩腕往左右分開疊住，隨將兩手握拳由下往上，向敵人雙耳用虎口相對貫去，右腳同時向前落下變實，身亦略有進攻之意方可。」

陳式太極拳「雙推手」
馬虹演示

孫式太極拳「雙撞捶」
孫祿堂演示

吳式太極拳「雙峰貫耳」亦為右弓步，兩手左右分開向上翻轉，趁勢握拳，分置於兩額前成為立拳，虎口相對，兩臂微屈。

其拳訣為：「雙峰貫耳運雙捶，打擊太陽和耳門。太陽本是頭動脈，擊中頭暈人不省。此脈即是太陽穴，穴閉知覺全失去。運用採捋勁手法，飛蛾投火必自尋。」

陳式太極拳中有「雙推手」，武式、孫式太極拳中有「雙炮捶」或稱「雙撞捶」，外形動作與「雙峰貫耳」有所相似，但要領差別較大。

### 「雙峰貫耳」詩曰：

雙拳連打左右迎，弓身前探馬踏營。
出手必得不空回，不破樓蘭勢不停。

# 三十一、彎弓射虎

太極拳中有著名的「三虎」拳勢，分別為「彎弓射虎」「打虎勢」「退步跨虎」，均為象形動作名稱。

此式雙手握拳，雙臂拉開，狀如拉弓勁射，故名。其基本要領為：斜身弓步，雙拳併發，定勢須含胸拔背，目視前方。此勢有較明顯的轉腰動作，拳的打出與腰的轉動協調一致。

楊式太極拳「彎弓射虎」為右弓步，要求雙臂要圓，左手正握拳，右手反握拳。右肘不可上掀。

《太極拳體用全訣》說：「彎弓射虎如發矢，沉勁蓄氣雙拳使。」

楊澄甫解析「彎弓射虎」練法與用法：「設敵人往回撤身時，我即將左右手隨敵之手粘去，復繞過敵之手腕間，向右側旋轉，握拳從左隅角擊去，左手同時沉在敵右肘部擊去。右腿隨往右落下坐

楊式太極拳「彎弓射虎」
傅清泉演示

吳式太極拳「彎弓射虎」 翁福麒演示

武式太極拳「彎弓射虎」 吳文翰演示

實，右手輒向敵胸部擊去，皆要蓄其勢，腰下沉勁，略如騎馬襠式，左腳變虛，如成射虎彎弓之勢也。」

在楊式太極拳各家練法中，左手臂的旋轉角度略有不同。

孫式太極拳「彎弓射虎」
孫祿堂演示

趙堡太極拳「搬弓射虎」
王海洲演示

吳式太極拳「彎弓射虎」也為弓步，下面手握拳送出去的幅度沒有楊式大，離身體較近一些。其拳訣曰：「彎弓射虎勢，蓄勁如放矢，兩拳是重點，發勁在腰力。」楊禹廷所傳的套路中「彎弓射虎」有左右兩種，對稱練習。

武式太極拳「彎弓射虎」要求兩拳左右分開呈拉弓狀，左手如持弓，右手似搭箭，兩拳要有沉著之勢。

孫式太極拳「彎弓射虎」手型與其他流派不同，為掌型。兩手同時伸出，在伸的過程中兩手內旋，掌心均向下，高與肩平，兩臂微屈，目視兩手中間。為右弓步。

孫祿堂論述彎弓射虎要領：「兩手心皆朝下著，往左斜角伸去，左手在前，右手在後錯綜著，仍與脖項相平。兩胳膊似曲非曲，似直非直。兩眼望著兩手中間前邊看去。此形式之勁，各處要平均，不要有一處專用力，心內

陳式太極拳「當頭炮」 陳正雷演示

虛空，氣往下沉，式微停。」

趙堡太極拳中稱為「搬弓射虎」。步型為右弓步，兩臂環抱體前，兩手為拳，拳眼向裏。左手在外，高與頭平，右手在內，高與頷平。左高右低。

拳訣曰：「搬弓射虎應後人，雙手採捌臂圓撐，手臂肩胯合整勁，發人猶如箭離弦。」

陳式太極拳中有「當頭炮」拳勢，也是雙拳在體前出擊，但外形與意態與「彎弓射虎」有所差異。

### 「彎弓射虎」詩曰：

萬鈞一羽身是弓，勁貫雙臂腰不空。
將軍李家今猶在，飛矢穿石論英雄。

# 三十二、打虎勢

有的套路中稱為「伏虎」或「伏虎勢」。太極拳著名的「三虎」拳勢之一。又分「左打虎勢」「右打虎勢」，兩臂圓撐，寓按撐之勁，狀如羅漢伏虎，故名。

陳式太極拳一路中有「獸頭勢」，又名「護心捶」或「打虎勢」。重心在右腿，兩手握拳，右上左下，環抱體前，兩拳心皆朝裏。在完成環抱之前，兩手在體側和體前有連續纏絲運拳過程。

陳式太極拳「獸頭勢」
李經梧演示

陳式太極拳二路中有「伏虎勢」。右腳實，左腳虛，右拳在上護於額頭，左拳在下撐於左腰。狀如伏虎。

《太極拳體用全訣》說：「左右打虎勢威武，下採上打披身退。」

楊澄甫解析楊式「左打虎式」：「設敵人由左前方，用左手打來，我將右足落下，與左足並齊左右手隨向左側轉，左腳往後踏出，

陳式太極拳「伏虎勢」
陳照奎演示

屈膝坐實，右足變為虛，略成斜騎馬襠式，面向側正方，兩手同時蕩拳隨落隨往左合，即用右拳將敵左腕扼住，往左側下採，至與心部相對，左拳由左外翻上，轉至左額角旁，手心向外，急向敵人頭部，或背部打去，此式以退為進，忽開忽合，意含兇猛，故謂打虎式也。」「右打虎式」對稱練習。

吳式太極拳中稱為「退步打虎」，或者「左右打虎」。吳式太極拳打虎勢有弓步和獨立步兩種練法，吳鑒泉先生示範的套路中打虎勢即為獨立步。左拳在上，右拳在下，提右腿。

其拳訣為：「虛出一掌來示意，以進為退是妙用，吸引對方跟蹤進，打虎之勢防進擊；右腳收回以待用，攻守咸宜任自為；學得太極陰陽法，變通虛實乃可用；敗中取勝備萬一，右腿收縮掩襠勢；分腿隱藏來應戰，雙峰壓頂扭身踢；轉過身來再起腳，更隨上步搬攔捶；身形靈巧方能戰，輕靈圓活乃奏功。」

楊式太極拳「右打虎勢」
褚桂亭演示

楊式太極拳「左打虎勢」
傅清泉演示

吳式太極拳「打虎勢」
劉偉演示

武式太極拳「伏虎勢」
胡鳳鳴演示

孫式太極拳「披身伏虎」
孫劍雲演示

八十八式太極拳中的「披身伏虎」
蘇自芳演示

武式太極拳中有「左右伏虎勢」，不同套路中有幾種練法，一為弓步架拳，一為虛步架拳，一為弓步擠掌。

孫式太極拳中稱為「披身伏虎」，為一蓄勢動作，下接「起腳蹬腿」。兩手回拉於腹前，左實右虛步。

孫祿堂解曰：「將兩手同時一氣著往下、往回拉。拉時之情形，兩手如同拉一有輪之重物，拉著非易亦非難之神氣。身子又徐徐往上起，頭亦有往上頂之形式。身子雖然往上起，而內中之氣仍然往下沉注於丹田。所以拳中要順中有逆，逆中有順也。身子往上起為順，氣往下沉則為逆矣。再右足於兩手往回拉時，同時往回撤。」

國家體委編定的推廣套路八十八式太極拳中有「披身伏虎」拳勢。

趙堡太極拳有「伏虎勢」，右弓步，右拳架上，拳心

趙堡太極拳「伏虎勢」
吳忍堂演示

向外，高與右太陽穴齊。左拳在下，置於左後軟肋下，拳心向外，肘尖向前扣。

「打虎勢」詩曰：

圓臂團身力不侵，虎伏豹隱氣自平。
昂然高崗極目望，王者盤踞嘯山林。

# 三十三、退步跨虎

太極拳著名的「三虎」拳勢之一。定勢前有退步動作，多接在「上步七星」後，身展步移，狀如跨虎，故名。

基本要領為：一腳踏實，另一腳回撤，同時雙臂上下張開，身形展動。收腿與展臂要協調一致。

陳式太極拳「退步跨虎」為右實左虛步，左腳腳尖虛點右腳側，右腿微屈。雙手為掌，右掌向右上撐起，左掌向左下展按，目視前方。兩臂中含挒、採之勁。

楊式太極拳「退步跨虎」為左虛步，兩臂上下撐開，要圓、要飽滿，不可太散。身體中正，不可前仰後合。

楊澄甫解析「退步跨虎」練法與用法：「設敵人用雙手按來，我即將兩腕粘在敵之兩腕裏，左手往左側下方挒開，右手往右側上方黏起，兩手心隨

陳式太極拳「退步跨虎」
田秋茂演示

楊式太極拳「退步跨虎」
崔毅士演示

向外翻，右腳隨往後退一步，落下坐實，腰隨往下沉勁，左足隨之提起，腳尖點地，遂成跨虎形，使敵全身之力皆落空，此時則敵雖猛如虎，略一轉動，便受我制矣。」

吳式太極拳「退步跨虎」為獨立步，又稱「獨立跨虎」。右腿單腿直立，左腿提起，左手為鉤，右手為掌，橫向展開。其拳訣為：「步呈七星勢，退步跨虎形，起腳成守勢，預防敵來攻。兩臂大開展，有備而無患；誘敵來投網，收放任自由。」

吳式太極拳「退步跨虎」
李秉慈演示

武式太極拳「退步跨虎」
胡鳳鳴演示

孫式太極拳「退步跨虎」
孫永田演示

武式太極拳「退步跨虎」為左虛步，雙手為掌上下張開，左掌下按左胯，右掌外撐於右額前上方。此勢先合後開，定勢開中有合。

孫式太極拳「退步跨虎」為獨立步。右腿獨立，左腿提起，雙手為掌，掌心均向下，左手按於左胯旁，右手按於腹前。

孫祿堂解析其行拳過程：「右手往下按時，身子同時往下屈腿塌腰。再右手心仍朝下著，即速往上起，起時如同按著大氣球，往上鼓起之意。左腿於右手起時，同時極力往上抬起，足尖仰著，身子與手足亦同時往上起，全身亦如同按著氣球，往上起之意。」

和式太極拳「退步跨虎」定勢為左弓步，雙手為掌，掌心向前，目視前方。行拳中有轉身旋腿動作，手、肘、

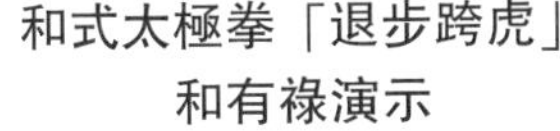

和式太極拳「退步跨虎」
和有祿演示

四十二式太極拳套路「退步跨虎勢」　王二平演示

肩、腳、膝、胯相合。要求正腰落胯，鬆肩墜肘。

四十二式競賽太極拳套路中「退步跨虎」取法吳式太極，一手為鉤，一手為掌，獨立步。

「退步跨虎」詩曰：

壯士翩翩虎山行，御風馭虎遇知音。
展身虛腿意氣揚，烈烈長嘯向天吟。

# 三十四、進步栽捶

太極拳著名捶勢，一般連接上步動作，以拳面向前下方擊出為栽，故名。

楊式太極拳「進步栽捶」基本練法：後腿前進，呈弓步，一手弧形畫過體前，另一手為拳向前下擊出。目視右拳前方。在技擊上為反守為攻之法。以一手架開敵之攻擊，上步靠近另一手以拳擊其下部。具有較強的實用性。

楊式太極拳「進步栽捶」　趙幼斌演示

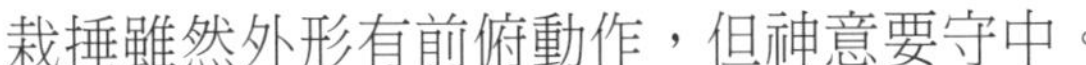
栽捶雖然外形有前俯動作，但神意要守中。

楊澄甫解析「進步栽捶」：「設敵又用左腿踢來，我即用左手順敵腿勢由左摟去，則敵必往左仆，我即將左足同時向前一步追去，屈膝坐實，右手隨握拳，向敵腰間或腳脛捶去皆可，是為栽捶，其時右腿伸直，腰胯沉下成平曲形式，胸含，眼前看，尤須守我中土為要。」

吳式太極拳的「進步栽捶」，下盤亦為左弓步，但左手位置與楊式不同，乃左掌護於右臂內側肘部。左右臂有相合之意。

武式太極拳中稱為「踐步栽捶」或「踐步打捶」。為左弓右虛步，右腳腳尖點地跟隨左腳後，右拳向前下方擊出，拳背向前上，左掌附於右肘內側。腹背要放鬆，身體

吳式太極拳「進步栽捶」　吳圖南演示

**武式太極拳「踐步打捶」　吳文翰演示**

不可前衝。

孫式太極拳中也稱「踐步打捶」。左腿屈膝，右腿微弓，右手為拳，向上、向前畫弧、經前額向左內踝部打出，身體隨著往下，左手內旋為拳拉收至左胯前。

孫祿堂強調其要領：「右手往下打時，身子隨著往下彎曲，腰總要極力塌住，腹內亦極力鬆開。以上摟手、落足、邁足，均要一氣著。」

「進步栽捶」在陳式太極拳中稱為「擊地捶」。為左弓步，左手為拳纏絲提至頭部左上方，右手為拳，纏絲向下方擊出。身體注意不要倒向地面，要在俯身中保持頂勁不丟。

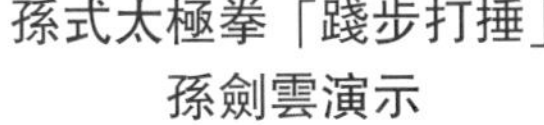

孫式太極拳「踐步打捶」
孫劍雲演示

陳式太極拳「擊地捶」
田秋茂演示

「進步栽捶」詩曰：

敢向群陣掠短兵，直取巧打敵中軍。
下探蘊勢腰不塌，涵胸乍起百變身。

# 三十五、指襠捶

有時為「進步指襠捶」「上步指襠捶」，有的拳架配合指襠有摟膝動作，也稱「摟膝指襠捶」或「勢分捶」。為太極拳著名捶法。外形與「進步打捶」有相似之處，但右拳比「進步栽捶」略高一點。此式具有較強的實用性。為太極五捶之一。以拳指擊對方襠部，故名。

「指襠捶」基本要領為：兩腿呈弓步，一手以拳向下前擊對方襠部高低位置，另一手護於下側。目視前下方。

楊式太極拳「指襠捶」　楊澄甫演示

陳式太極拳「指襠捶」
陳正雷演示

吳式太極拳「摟膝指襠捶」
吳鑒泉演示

即《太極拳體用全訣》所說：「進步指襠捶下路，摟腿寸靠把指襠。」

楊澄甫解析楊式太極「進步指襠捶」用法：「如敵人往回撤手時，我即將右足落下，同時左足前進，屈膝坐實，在此時設敵人用右足自下踢來，我急用左手，將敵右足往左膝外摟開，左手隨即握拳向敵襠部指去，身微向前俯。」

陳式太極拳「指襠捶」為左弓步，左拳纏絲回收左肋下，拳心向裏，右拳向前下方打出，有發勁動作。其要點在於右胯繃勁蓄勢，將右拳發出。

其拳訣為：「指襠捶下靠為鋒，震腳轉身靈又雄。左引右擊襠內使，擊著三節不見形。」

吳式太極拳中為「摟膝指襠捶」，左弓步，左手摟

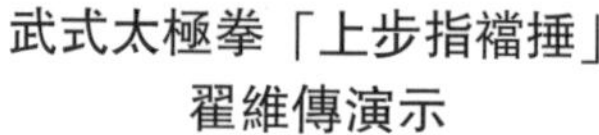

武式太極拳「上步指襠捶」
翟維傳演示

孫式太極拳「進步指襠捶」
孫祿堂演示

膝，合於右臂，右拳向前下方擊出，虎口向上。左手掌心向右置於右肘旁。

其拳訣曰：「上步摟膝打在陰，鬆肩垂肘氣下沉；力由脊發須完整，手腕肘肩混合一。」

武式太極拳中為「上步指襠捶」，左弓步，右拳擊出，左掌置於左膝旁，掌心向下，掌指向前。目視前方。

孫式太極拳中為「進步指襠捶」，右實左虛步，右手為拳向前下擊出，左手為掌扶右手腕上。眼看右手。

孫祿堂解析此勢練法曰：「右足落地時，隨後左足即速跟步，左足尖落在右足當中，足尖著地，兩足相離寸許，身體三折形式，小腹放在大腿根上，兩腿彎曲著，腰塌住勁，身子有往前撲的形式。手仍扣著右手腕，右拳極力往前伸去。如同指物一般，兩足往前所邁之步，大小隨

趙堡太極拳「指襠捶」　趙增福演示

人之高矮，不可大，亦不可小，總要不移動重心為妙。兩足往前邁時，身體之形式，如同一鳥在樹上，束著翅斜著往地下，看著一物飛去之意。」

趙堡太極拳為「指襠捶」。右弓步，左手為拳，收至左胯後，拳心向外，拳背貼身。右手為拳，落至丹田部位向前擊出。

其拳訣為：「瞻前顧後心意聽，手足齊到是真功，氣沉丹田兩膀鬆，指襠一捶敵膽驚。」

### 「指襠捶」詩曰：

臂曲手彈近靠身，低去高走敵心驚。
左右引擊不見招，亦幻亦象亦是真。

# 三十六、下　勢

「下勢」動作是太極拳的重要一類，太極拳是綜合性、全方位的鍛鍊形式，有上有下。下勢類動作一為練習身法的起落變化，提高身體的靈活性、靈敏性；二為鍛鍊下肢力量；三為增強下盤的技擊功夫。

「下勢」的練法中，前後動作的銜接十分重要，既要低下身去，又不能窩在下面，而能順暢起身，氣不能憋。「下勢」動作要穩如山，暢如龍，起如風。

陳式太極拳中「下勢」類動作主要有兩種：擺腳跌叉、雀地龍。「擺腳跌叉」先以左腿獨立，右腿向上擺起，雙手拍腳，然後右腿屈膝下蹲，左腳尖翹起，以腿跟

陳式太極拳「擺腳跌叉」
王大勇演示

陳式太極拳「雀地龍」
馬虹演示

貼地鏟出，右膝裏側和左腿後側一齊貼地。右拳向上弧形舉起，左拳隨左腿前鏟向前伸出。腿、拳的前擊保持一致性。

「雀地龍」與擺腳跌叉類似，但腿不貼地，為左仆步，右拳上提，高於頭部，左拳下合於左膝上，目視左前方。身法矯健，如健龍遊地。「雀地龍」在有些陳式太極拳文獻中還被稱為「穿地龍」。

在其他幾種太極拳流派中，「下勢」因其往往與「單鞭」相連，有的稱為「單鞭下勢」

楊澄甫解析楊式太極拳「單鞭下勢」：「由單鞭已出之左手時，如敵人以右手將我左手往外推去，或用力握

楊式太極拳「單鞭下勢」
朱懷元演示

吳式太極拳「下勢」 王培生演示

住，我即將右腿稍向右分開，往後坐下，左手同時用圓活勁收回胸前，或敵用左手來擊，我急用左手將敵左腕扼住，往左側下採亦可，右腿與腰胯同時坐下，以牽彼之力，而蓄我之氣。」楊式太極拳「下勢」左手為掌，右手為鉤，身隨低，但頭不可低。

吳式太極拳「下勢」為左仆步，在蹲身的同時，兩手下沉，左臂伸直，指尖接近左腳，變為側掌，掌心向右，右手抽回胸前，指尖接近左臂肘部，亦為側掌，掌心向左。不可彎腰低頭。與楊式「下勢」中一掌一鉤不同，吳式太極拳「下勢」雙手均為掌，與楊式太極側重於左掌由後向前穿不同，吳式太極「下勢」側重於沉掌。

孫式太極拳中有「雲手下勢」和「單鞭下勢」，分別前接「雲手」和「單鞭」。

孫祿堂解析「雲手下勢」練法與要領：「兩手前後分開，左手往前推去，伸直與心口平，右手往後拉至右胯

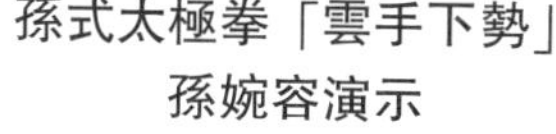
孫式太極拳「雲手下勢」
孫婉容演示

武式太極拳「下勢」
胡鳳鳴演示

處，大指靠住。兩手前後分時，身子直著，同時徐徐往下矮去，腰要塌住勁。左足亦於兩手分時，同時往前邁步，足後跟著地，兩足相離遠近，亦隨乎人之高矮。兩腿均要彎曲，右腿作為全體之重心。兩眼望著左手看去，腹內鬆開，手足肩胯，亦不要著力。」

「單鞭下勢」由「單鞭」變化而來，基本要領與「雲手下勢」相同。

武式太極拳「下勢」兩手均為掌，左掌在前、在下，右掌在後、在上。要求左足尖不可上翹，膝尖與足尖方向一致，臀部不要突出，要鬆胯豎腰。

趙堡太極拳中有「七星下勢」，分左右對稱練習。「右七星下勢」右腿呈仆步，腳向前伸開，腳尖向上翹起，左手畫弧至頭前左額上方，右手畫弧落至右膝內側，

趙堡太極拳「右七星下勢」　王海洲演示

目視右腳尖前方。

其拳訣為：「仆步下引千斤勢，七星下勢靠法凶，瞄準七星往上打，靠勁一發人騰空。」

### 「下勢」詩曰：

起伏輾轉龍行地，勢下氣暢意不低。
手引虛實前後承，忽如雲光耀萬里。

# 三十七、當頭炮

當頭炮為雙拳正面前擊動作，故名「當頭炮」。為陳式太極拳一路收尾時的一個高潮動作。左弓步，雙手握拳，左上右下，正面擊出，要捲放發勁，隨重心前移勁力抖出。

孫式太極拳「雙撞捶」與陳式太極拳「當頭炮」相類似，亦為雙拳前擊動作，也是在套路收尾部分。左實右虛步，雙手握拳，拳心向下，向前擊出。

陳式太極拳「當頭炮」
田秋茂演示

孫祿堂解析「雙撞捶」練法：「先將左足極力往前直著邁去，兩手輕輕捲上拳，手背朝上著，足後跟落地。再將於左足往前邁時，同時用意拉回胸前一二寸許，兩手相離二三寸許。隨後兩拳手背仍朝上著，如前邊有一物，即速往前直著撞去。兩胳膊似曲非曲，似直非直。心口對著斜角，兩眼

孫式太極拳「雙撞捶」
孫祿堂演示

武式太極拳「雙炮捶」
吳文翰演示

望著兩拳當中，直著看去。右足於兩拳往前撞時，同時往前跟步，足尖落地半八字形，與左足後根相離一二寸許。左足於兩拳往前撞時，滿足著地。腰塌住勁，兩腿皆彎曲著，身子要直著點。」

武式太極拳也有「雙炮捶」勢。為左虛步，雙手握拳，借身體上步之勢，勁貫雙拳，脫扣而出，兩拳相對，身體保持中正。

「當頭炮」詩曰：

雙拳聯擊勢難當，根在足下氣不傷。
勁貫周身如一體，奔雷突出掩八荒。

# 三十八、金剛搗錐

陳式太極拳標誌性拳勢。陳式太極拳中有「會不會，看看金剛大搗錐」的說法，被譽為陳式太極母勢。為提腳、落步、砸拳動作。陳鑫解說其拳：「何謂金剛搗碓？金剛，神明，鋼如精金百煉堅而又堅，其手所持者，降魔杵也。搗碓者，如穀之在臼，以杵搗之，右手將捶如降魔杵，左手微屈如碓臼。既取其堅剛沉重，又取其兩手收在一處以護其心，故名。」

震腳的目的在於沉氣與順氣，但不可一味追求猛烈，以免造成下肢傷痛。落腳與落拳相一致，同時沉肩墜肘。

趙堡太極拳有「金剛三大對」，練法與陳式太極拳「金剛搗錐」類似，有的趙堡太極拳套路中也稱為「金剛搗錐」。

陳式太極拳「金剛搗錐」
馮志強演示

趙堡太極拳「轉身金剛搗錐」
趙增福演示

「金剛搗錐」詩曰：

金剛怒目慈悲心，
鐵拳落地潤無聲。
千軍萬馬平地起，
沉雄如山大將軍。

趙堡太極拳「金剛三大對」
原寶山演示

# 三十九、白蛇吐信

有時為「轉身白蛇吐信」，也有太極拳套路中作「白蛇吐芯」。此式中翻身轉臂有如蛇之探頭吐舌，故名。

基本要領為：先以一臂向外翻轉前探，再收回腰前，進而以另一掌前推。目視前方。此式有兩次打擊功效。在技擊中，當敵從後方襲擊時，翻身以一手揉化，並開步以另一手進擊其胸、面部。《太極拳體用全訣》說：「轉身

陳式太極拳「白蛇吐信」 田秋信演示

楊式太極拳「白蛇吐信」　楊振鐸演示

白蛇吐芯烈，一撇二撲三穿擊。叉喉取瞳任爾為，吞吐插穿敵膽裂。」說明了其連環進擊的效用。

陳式太極拳二路中有「白蛇吐信」拳勢，右手為掌前穿，掌指向前，左手為掌下按左胯處助勁。兩腳連環向前鏟步、跟步。連續做多個。

楊式太極拳中為「轉身白蛇吐信」，先有轉身動作，然後為右弓步，左掌前推，右手回收右胯旁。右手有拳、掌兩種練法。

「白蛇吐信」詩曰：

螺旋雙臂繞剛柔，倏然動靜見吞吐。
節節貫穿去僵滯，靈性一點亂雲收。

# 四十、上步七星

此式兩手相抱於體前，拳家謂抱拳為「七星式」，故名。有解：此式定勢突出人體七個主要部位，即頭、肩、肘、手、胯、膝、足，稱為「七星」。

基本要領為：右腳上前為虛，左腳在後為實，雙臂環抱於體前，或為拳或為掌，腕部十字相交，約與肩高。在技擊上雙手可架攔敵由上而下的攻擊，主用掤勁，同時雙手可借機進擊其中部。

陳式太極拳「上步七星」
陳正雷演示

「上步七星」看似為守，實則蘊含了多種進攻招法，富於變化。立身要正，前後相應。

陳式太極拳「上步七星」為右虛步，右拳在左拳內，兩拳相合，兩臂環抱。過渡動作中，右腿的上步和右拳的上拳相一致。陳式太

楊式太極拳「上步七星」
趙幼斌演示

吳式太極拳「上步七星」
吳圖南演示

極拳在「上步七星」的變化中有纏絲繞腕的動作，為擒拿解脫妙法。

楊式太極拳「上步七星」為右虛步，雙手握拳交叉體前，左上右下。雙手有向上掤勁，兩拳高與頦齊，目光平視。兩臂交叉為弧形，上體要正直。楊澄甫解析「上步七星」用法：「設敵人用右手自上劈下，我即將身向左前進，兩手變拳，同時集合交叉，作七字形，手心朝外掤住，向敵胸部用拳直擊亦可。」

吳式太極拳「上步七星」為右虛步，雙臂環抱體前，雙手手型均為立掌。

孫式太極拳「上步七星」為左實右虛步，雙手為掌，交叉抱於體前。

孫祿堂解析其練法為：「先將右手從右胯處如畫下弧

武式太極拳「上步七星」
翟維傳演示

孫式太極拳「上步七星」
孫劍雲演示

線，往左手腕下邊出去，左手於右手到下邊手腕時，同時兩手收進懷裏。離心口三四寸許，兩手上下相交，如十字形式，兩手指俱朝上著，兩手心亦朝外著。右足於右手往前去時，同時邁在左足處，右足裏脛骨與左足後跟挨否，勿拘。兩腿要彎曲著，身子直著，腰塌住勁。」

武式太極拳「上步七星」為右虛步，兩手為拳環抱體前，左拳在內，右拳在外。要求兩手在胸前交叉有擴展之意。

「上步七星」詩曰：

上步進擊勢不停，術變萬端定中應。
平野萬頃虛實過，莫測通曉藏七星。

# 四十一、收　勢

為練完一套太極拳的最後一個勢子。太極拳起於無極，合於太極，故也有的稱其為「合太極」。

應該特別指出的是，不管是練習了一個完整套路，還是一段套路，或者幾個勢子，「收勢」都是必需的，這樣才能合氣、養氣，使得太極拳的練習效果較好。

孫式太極拳的「收勢」　孫祿堂演示

陳式太極拳的「收勢」
陳正雷演示

楊式太極拳的「收勢」
楊振鐸演示

「收勢」一般掌心向下，有按掌動作，配合呼吸，雙掌慢慢下落，同時慢慢起身，自然站直，虛領頂勁，神舒體靜。

孫祿堂稱「收勢」為「無極還原」，並詳細解說了孫式太極拳的「收勢」：「將兩手同時，如畫下弧線往下畫去。左手至左胯處，右手至右胯處，兩手心挨住兩胯。左足於兩手往下落時，同時撤至右足處，兩足裏跟相挨，仍還於起點九十度之形式。身子於左足往回撤時，同時往上起直。此時全體不要用力，腹內心神意俱杳，無一毫之思想，空空洞洞，仍還於無極，所謂神行是也。」要求是一種自然虛靜的狀態。

和式太極拳「收勢」　和有祿演示

孫式太極拳在「收勢」前，還做了一個「陰陽混一」的拳勢，兩手握拳交叉於胸前，兩腿彎曲，全身關節放鬆，虛靈頂勁，意注丹田，將元陽收斂入氣海。

楊澄甫稱「收勢」為「合太極式」，並論述道：「兩手分左右下垂，手心向下與起勢式同，是名合太極，此為一套拳終了之時，學者尤不可忽略，合太極者，合兩儀，四象，八卦，六十四卦，而仍歸於太極，即收其心意氣息，復全歸於丹田，凝神靜慮，知止有定，不可散失，以

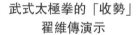

武式太極拳的「收勢」
翟維傳演示

吳式太極拳的「收勢」
楊禹廷演示

免貽笑大方也。」

陳式太極拳「收勢」歌訣：「雙手托天再按地，獨我自在中間立。太極有形歸無極，唯我獨知此中意。一生也難盡其妙，功夫不負有心人。」

「收勢」詩曰：

澄心靜慮不染塵，萬法歸一氣潤身。
天地相應順萬物，無極無礙空明心。

# 四十二、八法之掤

「太極十三勢」之一，亦為太極推手八法之一。一般外形手臂呈弧形，前臂由下向上、向外張架；勁力感覺：勁力渾圓向外，圓滿有張力，不使對方勁道及身，攻守合一。常防禦對方的「按」法。掤勁有彈性，有變化的餘地。掤法可向任意方向運用。使用時要求圓轉靈活，神意意氣鼓蕩，全身無使有凹陷處。卦象：屬八卦中坎卦，卦象為水，方向為

楊式太極拳之「掤」　楊振鐸演示

武式太極拳之「掤」　翟維傳演示

北。對應人體的會陰等穴，養生中主練腎經。

楊澄甫解釋：「掤法向外，駕馭敵人之按手，使不得按至胸腹貼近，故曰掤。」對於其要領作了透徹說明：「掤之方式，最忌板滯，又忌遲重，板者，不知自己之運動，滯者，不知敵人之取捨。既不知己，又不知彼，則不成其為推手矣。遲重者。必以力禦人，便成死手，非太極拳家之所取也，必曰掤者，粘也，非抗也。手向外掤，意欲粘回，又不使己之掤手與胸部貼近。調化勁全賴轉腰，一張腰則我之掤勢已成矣。」

《太極拳八法秘訣》云：「掤勁義何解？如水負舟行。先實丹田氣、次緊頂頭懸。周身彈簧力，開合一定間，任彼千斤力，飄浮亦不難。」

# 四十三、八法之捋

「太極十三勢」之一，亦為太極推手八法之一。「捋」又寫作「攦」。運用招法為順敵之勢而取之，捨己從人，變被動為主動。使用捋法時多以掌連搭對方的肘、腕。正確有效地實施捋法，需以高明的懂勁為前提，知己知彼，誘敵深入，以退為進，還應做到敵變我變，才不致

陳式太極拳之「捋」　馬虹演示

楊式太極拳之「捋」　楊振鐸演示

受制。《太極拳八法秘訣》云：「捋勁義何解？引導使之前。順其來勢力，輕靈不丟頂。力盡自然空，丟擊任自然，重心自維持，莫為他人乘。」

外形：通常是掌心向下，有時以一掌心向上輔助，身體中軸有旋轉之勢，將敵向我方引入落空。形式上有「定步捋」「退步捋」及「轉身捋」等。勁力感覺：主要走中盤勁力。神意：以實為先導，實中有虛，並向虛處轉化。卦象：屬離卦，卦象為火，方向為南，對應人體的祖竅等穴，養生中主練心經。

# 四十四、八法之擠

「太極十三勢」之一。亦為太極推手八法之一。擠法的運用通常是隨捋法而配合。也是破解採、捋之法。順敵之勢，變在敵先，勁力集中在單一方向上，乘虛而入，搶得主動。《太極拳八法秘訣》云：「擠勁義何解？用時有兩方，直接單純意，迎合一動中，間接反應力，如球撞壁還，又如錢投鼓，躍然聲鏗鏘。」

外形：手臂圓環，身形如弓，手背向外。勁力感覺：勁力方向向前，進中寓後坐之意。神意：以虛為引導，虛中含實，並迅速轉換。卦象：屬震卦，卦象為木，方向為東，對應人體的夾脊等穴，養生中主練肝經。

楊式太極拳之「擠」
張勇濤演示

武式太極拳之「擠」
吳文翰演示

# 四十五、八法之按

「太極十三勢」之一。亦為太極推手八法之一。按法主要為防守、化解之法。可破擠、肘、靠的攻擊。將敵來勢阻截，並引而向下，卸於無形。有平按、斜按、截按等之分。《太極拳八法秘訣》云：「按勁意何解？運用如水行，柔中寓剛強，急流勢難當。遇高則膨滿，逢窪向下潛。波浪有起伏，有孔無不入。」外形：手心向外、下，迎截外勁。身體後坐穩固。勁力感覺：整體下沉，勁走下盤。神意：手臂中的勁道與足跟上下隨應，如天際來水，順流入海。卦象：屬兌卦，卦象為澤，方向為西，對應人體的膻中等穴，養生中主練肺經。

陳式太極拳之「按」
陳正雷演示

孫式太極拳之「按」
孫劍雲演示

# 四十六、八法之採

「太極十三勢」之一。亦為太極推手八法之一。變守為攻之法，配合粘連勁，綜合運用刁、拿、切、纏等技法，瓦解敵之進攻，並進而引其失勢，逼其跌翻。分為單採、雙採等形式。《太極拳八法秘訣》云：「採勁義何解？如權之引衡，任爾力巨細，權後知輕重，轉移知四兩，千斤亦可平，若問理何在，槓桿之作用。」外形：十指的運用十分精巧，經常採拿對方關節。勁力感覺：直中求曲，點中含面。以順為主。神意：如水銀瀉地，隨屈就伸，敵我一體。我順敵背。卦象：屬乾卦，卦象為天，方向為西北，對應人體的肺俞等穴，養生中主練大腸經。

武式太極拳之「採」
吳公儀演示

趙堡太極拳之「採」
吳忍堂演示

# 四十七、八法之挒

「太極十三勢」之一。亦為太極推手八法之一。為攻守合一之法。在鎖住對方的基礎上，側向外或向內橫向牽動，逼其就範。

《太極拳八法秘訣》云：「挒勁義何解？旋轉若飛輪，投物於其上，脫然擲丈尋。君不見漩渦，捲浪若螺紋，落葉墜其上，倏而便沉淪。」外形：多配合以身體的轉向。勁力感覺：為旋轉之勁，宜先鬆後緊，迅猛快脆。神意：如飛輪揚水，形穩而勢巨。卦象：屬坤卦，卦象為地，方向為西南，對應人體中的丹田等穴竅，養生中主練脾經。

陳式太極拳之「挒」
李經梧演示

武式太極拳之「挒」
翟維傳演示

# 四十八、八法之肘

「太極十三勢」之一。亦為太極推手八法之一。是一種集中使用肘部力量的技法。為近身搏擊時常用，具有較大的殺傷力。包括擠、撞、點、壓等方法。招式上如穿心肘、腋下肘、腦後肘等。

陳式太極拳之「肘」　田秋信演示

《太極拳八法秘訣》云：「肘勁義何解？方法有五行，陰陽分上下，虛實須辨清，連環勢莫當，開花捶更凶，六勁融通後，運用始無窮。」外形：以肘為主。勁力感覺：多爆發勁，短勁。神意：充沛飽滿，擊如摧枯拉朽，左右逢源。卦象：屬艮卦。

楊式太極拳之「肘」　嚴承德演示

# 四十九、八法之靠

太極拳基本技法，「太極十三勢」之一。亦為太極推手八法之一。綜合運用全身各部位的技法，也多用於近距離搏擊。包括肩靠、背靠、胯靠、臀靠、胸靠等。

《太極拳八法秘訣》云：「靠勁義何解？其法分肩背，斜飛勢用肩，肩中還有背，一旦得機勢，轟然如搗錐，仔細維重心，失中徒無功。」

外形：靈活多變，順背相機，含高、低、起、沉多勢。

陳式太極拳之「靠」　陳小旺演示

勁力感覺：每一靠皆整體之力，有時與擠、肘相交叉，輔之以撞、砸等法。神意：身體內與外應，我與自然相合，勢充天地。卦象：屬巽卦，卦象為風，方向為東南，對應人體中的玉枕等穴。養生中主練膽經。

吳式太極拳之「靠」　李秉慈演示

# 歡迎至本公司購買書籍

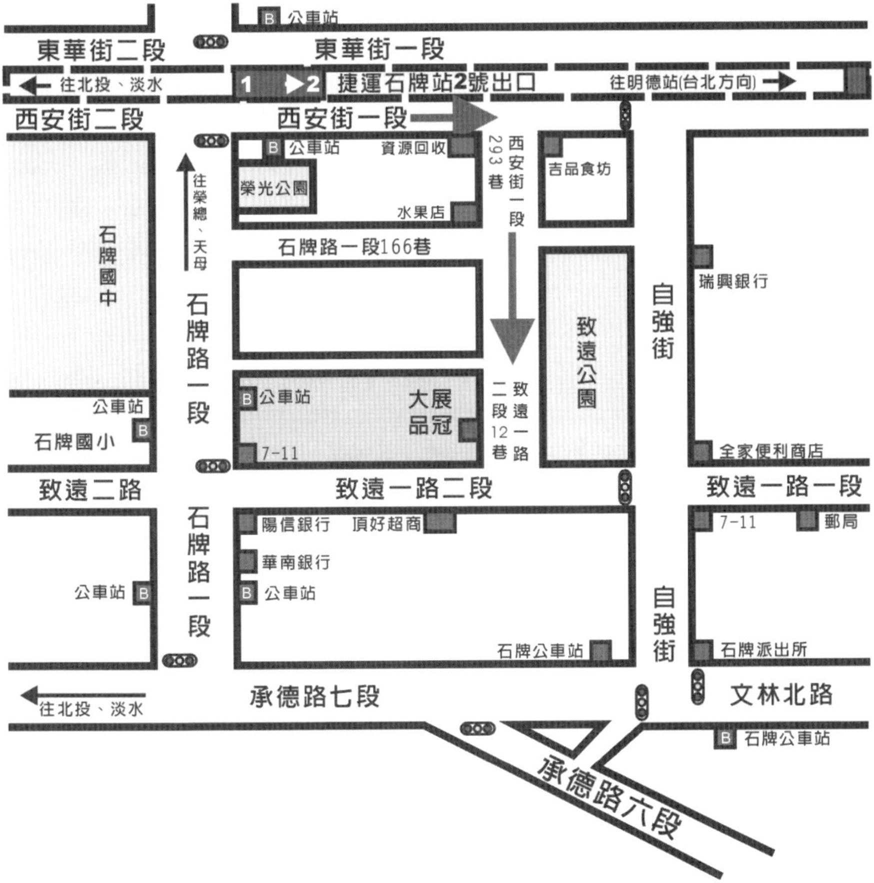

公車站
東華街二段
東華街一段
往北投、淡水
1
2
捷運石牌站2號出口
往明德站(台北方向)
西安街二段
西安街一段
公車站
資源回收
西安街一段293巷
榮光公園
吉品食坊
往榮總、天母
水果店
石牌路一段166巷
石牌國中
瑞興銀行
自強街
石牌路一段
致遠公園
公車站
大展品冠
致遠一路二段12巷
公車站
石牌國小
7-11
全家便利商店
致遠二路
致遠一路二段
致遠一路一段
陽信銀行
頂好超商
7-11
郵局
石牌路一段
華南銀行
公車站
公車站
自強街
石牌公車站
石牌派出所
承德路七段
文林北路
往北投、淡水
石牌公車站
承德路六段

建議路線

1.搭乘捷運・公車

淡水線石牌站下車，由石牌捷運站２號出口出站(出站後靠右邊)，沿著捷運高架往台北方向走(往明德站方向)，其街名為西安街，約走100公尺(勿超過紅綠燈)，由西安街一段293巷進來(巷口有一公車站牌，站名為自強街口)，本公司位於致遠公園對面。搭公車者請於石牌站(石牌派出所)下車，走進自強街，遇致遠路口左轉，右手邊第一條巷子即為本社位置。

2.自行開車或騎車

由承德路接石牌路，看到陽信銀行右轉，此條即為致遠一路二段，在遇到自強街(紅綠燈)前的巷子(致遠公園)左轉，即可看到本公司招牌。

國家圖書館出版品預行編目資料

太極密碼(3)——太極拳勢通解 ／ 余功保　著
——初版，——臺北市，大展，2014〔民103.08〕
面；21公分 ——（武學釋典；17）
ISBN　978-986-346-030-5（平裝）
1. 太極拳
528.972　　　　103011157

# 太極密碼(3)——太極拳勢通解

著　　者／余 功 保
責任編輯／張 建 林
發 行 人／蔡 森 明
出 版 者／大展出版社有限公司
社　　址／台北市北投區（石牌）致遠一路2段12巷1號
電　　話／（02）28236031・28236033・28233123
傳　　眞／（02）28272069
郵政劃撥／01669551
網　址／www.dah-jaan.com.tw
E-mail／service@dah-jaan.com.tw
登 記 證／局版臺業字第2171號
承 印 者／傳興印刷有限公司
裝　　訂／承安裝訂有限公司
排 版 者／弘益電腦排版有限公司
授 權 者／北京人民體育出版社
初版1刷／2014年（民103年）8月

定 價／200元

大展好書　好書大展

品嘗好書　冠群可期